U0552537

图解服务的细节
122

イトーヨーカ堂　顧客満足の設計図

自动创造价值的流程

［日］边见敏江 著

智乐零售研习社 译

人民东方出版传媒
东方出版社

推荐语

东京大学研究生院经济学研究系教授　藤本隆宏

我主要研究制造业的生产管理和技术管理,以往从来没有学习过综合超市(General Merchandise Store,以下简称为GMS)。但后来,东京大学成立了21世纪COE(Center of excellence,以下简称为COE)"制造经营研究中心"(Manufacturing Management Research Center,以下简称为MMRC)。作为其中一个研究主题,从制造的视角分析零售业、服务业的研究会就诞生了。之后,边见敏江先生邀请我担任该研究会的特聘研究员,从他那里听到了很多关于伊藤洋华堂"业务改革"的事情,于是我开始对超市及便利店的运营感兴趣。

我在研究会学到了很多东西,优秀的制造业现场和优秀的服务业现场,有惊人的相似之处。

起初,我们MMRC的制造观是一个广义的概念,将"好的设计"通过"好的流程"与顾客连接起来,让顾客满意,是"制造"的本质。这样一来,"好的设计"就不仅限于物品的设计。在日本即便是服务业,实际上也存在大量通过"好的设计"和"好的流程"来满足顾客的"优秀制造现场"。

例如，边见先生讲述的超市和便利店案例，品类设计、自有品牌（Private Brand，以下简称为PB）商品设计、卖场设计、门店设计、供应链设计、业态设计等所有设计都是可以满足顾客的"好的设计"。此外，对于服务业的"好的流程"，不仅限于商品流和作业流（工作流程）、顾客流，更意味着将"顾客的经验流"维持在良好的状态。将这些商品流、工作流、信息流和顾客流，合并汇聚的空间就是"卖场"（销售的现场，以下简称为卖场）。

这么一想，就可以了解到伊藤洋华堂和7-ELEVEn的卖场从25年前起就一直在踏实地制作"好的流程"，并每天对其持续不断地改善。最典型的例子，就是本书的核心——伊藤洋华堂的"业务改革"。边见先生所描述的业务改革逻辑和案例，对于我这种即便见过很多优秀制造业现场（和不好的现场）的人来说也没有违和感，而且没有违和感这件事对于我也非常新鲜。

在日本的零售业相关的学术研究中，近几年对7-ELEVEn相关的研究很盛行，虽已有诸多优秀的学术成果，但其中大部分是以7-ELEVEn的先驱性和创新性为主题的，聚焦于现场运营的稳步改革方面的研究并不多。在这一点上，始于1982年的伊藤洋华堂业务改革，确实是全公司致力于打造现场"好的流程"的整合体。这样一来，就可以很自然地认为，拥有相同起点的伊藤洋华堂和7-ELEVEn的业态虽然不同，但在现场"打造好的流程"的基本思想是相似的。

这就意味着，业务改革的顺序首先是从离顾客最近的地方开始，依次向上游扩展至"好的流程"，这才是运营的王道。换句话说，首先，要通过消除滞销商品，创建面向顾客的好的商品流程。然后，向现场导入畅销商品和结构性商品改善选品，从而扩宽商品的"好的流程"。改善卖场（陈列面）设计，优化顾客来店体验的流程，进而将其与好的工作流程相连接，提高员工的工作效率。进一步，追溯到上游，从商品企划、商品开发至供应链的设计，扩充"好的设计"和"好的流程"。最后，利用现场的"多能工团队"，确立一种能够稳定地创建好流程的体制。

像这样，试着用有点抽象的说法来描述伊藤洋华堂的业务改革，尽管产业完全不一样，但会发现丰田汽车在减少有浪费的工序，好的操作流程方面的过程和原理，有令人意外的相似之处。另外，业态、财务业绩都不同的伊藤洋华堂和7-ELEVEn，关于单店的现场"流程制作"的基本也非常相似。就像狗、猴子和人在细胞组织层面极其相似一样，作为企业和产业细胞的"现场"的基本，不管是零售行业还是汽车行业，GMS还是便利店，出乎意料地相似。

总之，在本书介绍的伊藤洋华堂案例中，能够看到超越业种的优良现场共通的模型。例如，以好的流程为优先的现场改善，精细管控每个品种的设计信息流程的"单品管理"，以假设/验证为基本思想的现场渗透，其成果知识面的横向展开，现地现物主义，将订货、售价设定、卖场设计和商品开发等权限转让给现场，包括临时工在内的员工的多能工化、每天的持续改善等，不管是制造业还是服务业，都是该做的基本。与业种无关，大部分日本优良企业都具有的倾向，是将现场的好的流程（内在竞争力）和顾客的评价（外在竞争力）紧密联系在一起，以能力构筑为导向的。

令人惊讶的是，据说伊藤洋华堂从1982年开始业务改革以来或者从更早之前开始，就一直坚持执行，是持续的力量。如果昨天才开始的话，即便是不会感到惊讶的基本动作，但如果连续坚持了30年，也另当别论了。无论怎么样，都不能简单地将丰田等优良制造业相提并论，但是对于从本书丰富的案例中，所浮现出来的伊藤洋华堂现场的样子，可以解释为和优良的制造现场共通的东西。

如上所述，因为我是研究现场的经营学，所以没有资格对伊藤洋华堂总公司的经营进行这样或那样的评价。例如，单从公司整体事业的表现来看，有"便利店之王"之称的7-ELEVEn和属于整体行业有点停滞不前的GMS的伊藤洋华堂自然是不一样的。即便是同一连锁店中，有经营优良的店铺，也会有经营不良的店铺；虽是同一家店，基于不同部门，外界（比如鲜鱼部门和服装部门）的评价也会截然不同，这是不争的事实。

但无论如何，边见先生在这本书中从逻辑上和实证上所阐述的构筑零售现场能力的路径，超越了时间、地点、产业和企业，具有相当的普适性。因此，本书不仅对零售业、服务业的人，对制造业的人也会提供很多启发。

例如，伊藤洋华堂的库房（客人看不到的幕后）的货品的流程，近几年，由于丰田系企业（丰田自动纺织机）改善团队的加入（例如大宫店），似乎变好了很多。这项改革之后，虽在其他店铺横向展开，但在我参加的成果发表会上，提供改善指导的丰田自动纺织机的现场改善顾问说，"实际上，这次学到最多的可能是我们"，这句话令我印象深刻。也许在改善"内在面"的同时，他看到了伊藤洋华堂的"外在（销售）现场"的优点。例如，根据时间段和客流，多能的兼职员工为主导，会时刻改变卖场的陈列设计，在现场的铃木先生、山田先生和田中先生随机应变地进行吆喝直到将鱼售完为止。这位改善顾问可能目睹了这种"外在"的实力。

我拜托边见先生参观了北京的伊藤洋华堂，的确非常有活力。与日本不同，中国人口多、经济增长快、劳动力成本低，但即便如此，在停滞不前的日本超市行业中常常容易被人遗忘的销售运营原点，在这类店铺可能也会有。归根到底，所谓的基本就是"好的设计""好的流程"，只要能从这些标准中学习到东西，就能从北京和成都的店铺中，从同行业的其他公司中，跨行业地学习到各种各样的东西。

当然，包括超市行业在内的日本零售业的未来不容乐观。但是，我们不应草率地得出"公司财务表现不佳，想必现场也会衰退"的结论。从长期来看，虽然公司的业绩和强大的现场分不开，但从短中期来看，反而采取不同的行动才是常态。多年来，我在制造业中看到了这一点。我认为，至少就店铺层面的现场能力而言，伊藤洋华堂和7-ELEVEn具有共同的优势。这或许就是边见先生在本书中要传达的信息之一。

2008 年 10 月

前言

我2007年11月出版了《伊藤洋华堂 成长的起源——与伊藤雅俊共同刻印迈向"业务改革"的历程》。1960年至2006年5月的46年间，我一直参与经营企划、开发、政策设计及经营管理体系设计和执行方面的支援工作。我基于这一事实和过往的经验，立足于伊藤洋华堂的公司历史（正史），传达其深度与奋斗目标。

钻石出版社的出版指南11月期（2007年）《成长的必经之路》中，提到伊藤洋华堂的成长原动力是"业务改革"，还介绍了为此业务改革做好一切准备的男性。伊藤洋华堂的创始人兼CEO的伊藤雅俊名誉会长写的推荐信中提到："边见先生能够将我作为商人或经营者最看重的'顾客第一''员工第一'的创业初期理想，总结为具体的内容。伊藤洋华堂的成长就是从这里开始的。"

本书想向读者展示伊藤洋华堂的"起源"是如何进化成为"主流"，以及今后将面临的课题。如果说发展、成长是进化，那么退化也是进化。进入20世纪90年代后，受到国内外严峻环境和条件的影响，伊藤洋华堂的业绩不能称为顺利。我目睹了许多欧美零售业的创新者陷入困境，经历衰退的过程。伊藤洋华堂虽然相对占优势，但也不能一直沉浸在过去的美誉中，否则会危机四伏。

2005年起，我有幸在东京大学研究生院经济学研究系、制造经营研究中心（研究中心主任是藤本隆宏教授）担任特聘研究员。该研究中心的目的是建立一个源自日本的"制造系统"的国际性研究基地，特别是专门研究战后日本制造企业所形成的"综合型制造系统"的理论性、实证性。主要研究主题是综合型制造系统的标准体系化、战略/品牌的综合研究、结构的理论性与实证性的研究、产业竞争力的国际对比研究，另外还进行特定主题研究（2007年）。

2008年3月1日随着21世纪COE项目的结束（作为新发展形式，"全球COE计划"正在实施中），我也从特聘研究员的岗位上退出。自2005年12月以来我担任"零售/服务业经营体系相关研究会"的领头人，并做了11次研究成果发表。其中大部分都已以讨论论文（Discussion Paper）的形式注册并公开。我将其修正后，记录在这本书里。

另外，我从4月开始继续参加"以制造为基础的服务经营

前 言

相关研究会"(主席为藤本隆宏教授)。本研究会通过对多种服务(零售、汽车销售、金融、邮局、医疗、交通、餐饮、酒店、其他)案例的横向分析,推进以设计信息的流程打造为基础的服务、体系的概念化,并以相关知识的普及化和体系化为目标。

"作为研究人员必须客观地看待事物,越是形势好的公司,就越要用严厉的眼光去观察。研究人员要进行有条理的分析。"这段话是研究中心主任藤本隆宏赠予我的。

1993年以来伊藤洋华堂的业绩一直下滑并开始陷入低迷。泡沫经济破裂后,名誉会长伊藤雅俊因总会屋事件被迫引咎辞职,此时人的凝聚力也开始减弱。这与环境条件的明显变化及经营管理手段的不完善、日本的流通风土和该公司的政策不匹配等多种因素都有关系。如果能明确这些综合因素,并将其与未来的发展联系起来就最好了。希望《伊藤洋华堂 成长的起源——与伊藤雅俊共同刻印迈向"业务改革"历程》与本书,能成为该公司、业界恢复业绩和进步的素材,希望它们有助于商业、流通业、服务行业的发展。

2008年10月

边见敏江

目录

第1章 业务改革
——改革的经过及其本质

1 **流通行业的变迁和伊藤洋华堂的业务改革** // 005
   - 战后日本连锁店的变迁 // 005
   - 伊藤洋华堂的沿革与业务改革 // 008

2 **业务改革的前夜** // 014
   - 业务改革的前夜 // 014
   - 暴风雨的应对策略 // 015

3 **业务改革的开始** // 019
   - 业务改革作为日常业务推进 // 020
   - 开始业务改革的背景 // 021

4 **业务改革委员会提出的具体措施内容** // 025
   - 从排除滞销品开始的七大步骤 // 025
   - 通过单品管理进行假说与验证 // 029

- ❖ 骤减的未到货率和库存天数 // 032
- ❖ 敢于树立理想的目标 // 034
- ❖ 从高速增长模式向低增长模式的转变 // 036

5 业务改革的经过 // 038
- ❖ 业务改革的三个阶段 // 038

6 业务改革的特点与评价 // 042
- ❖ 先从消极的滞销商品开始排除 // 042
- ❖ 彻底贯彻假说与验证的经营 // 045
- ❖ 业务改革会议中管理层与现场的原始信息的直接交流 // 047
- ❖ 授权给现场人员 // 048
- ❖ 伊藤洋华堂业务改革的本质 // 050
- ❖ 伊藤洋华堂案例开发者以外的评价 // 052

第2章 现场管理
——业务改革的对策事例

1 业务改革下的现场管理 // 059
- ❖ 打造让顾客想买的店铺·精准的选品 // 059
- ❖ 将蔬果的定价权转让给店铺 // 064
- ❖ 销售决策权的权限转让 // 067

- 将预算权限给店铺 // 069

2 应对20世纪90年代以后的变化 // 072
- 不确定性的增加与机会损失、降价损失 // 072
- 商品、订货、销售和卖场规划的精细化 // 074
- MD 差异化 // 077
- 兼职员工也参与进来的商品开发和卖场打造 // 082
- 确立按店铺和按地区的 MD // 087

3 应对新时代的 MD 与管理 // 092
- 商品过剩时代下的 MD // 092
- 日本和美国不同的成本结构 // 093
- 真诚待客和打造全新的卖场 // 094
- 面向价值创造的挑战 // 095
- 业务改革与构筑组织能力 // 096

第3章 单品管理
——创造核心竞争力

1 单品管理的重要性 // 101
- "单品"是指顾客的唯一选择 // 101
- 订货权限的分权化 // 103

2 **两大损失的课题认识** // 105

- 机会损失——断货 // 105
- 降价和废弃损失 // 106
- 单品管理的基本 // 108

3 **订货流程及其要点** // 110

- 从细致明确的假说开始 // 110
- 掌握自己店铺的特性 // 110
- 创造畅销条件 // 111
- 排除滞销商品 // 112
- 假说与验证的横向展开 // 112

4 **店面的基本和最优化条件** // 115

- 组织与权限 // 115
- 为提高销售额 // 115
- 选品的最优化 // 117
- 订货的精细化 // 118
- 所有商品的单品管理 // 118
- 每天执行 // 119

5 **库存周转率反映经营质量** // 120

6 **多能工化** // 122

7　假说与验证的组织活动 // 124

第 4 章　伊藤洋华堂经营的本质
——其理论的验证

1　业务改革的目标与利益相关者的视角 // 130

- ❈ 业务改革的目标 // 130
- ❈ 对利益相关者而言的业务改革 // 132

2　经营的适应对象 // 134

- ❈ 适应顾客 // 134
- ❈ 适应竞争 // 135
- ❈ 适应组织 // 136

3　管理体系和 MD // 140

- ❈ 使命、目的和目标 // 140
- ❈ 商品营销企划（MD）政策的立案 // 141
- ❈ 现场的政策执行 // 141
- ❈ MD 周期 // 143

4　单品管理经营 // 144

- ❈ 创造畅销条件 // 144
- ❈ 每天的订货、卖场的微调与再设计 // 145
- ❈ 掌握问题点并解决问题 // 145

❖ 体制改革 // 148

5 **环境、战略、组织的管控** // **149**

❖ 历史性定位 // 149

❖ 业务改革的步骤 // 150

❖ 思想的客观性 // 150

❖ 业务改革的具体思想 // 151

❖ 管理控制 // 152

6 **P.F. 德鲁克理论的比较** // **155**

❖ 创造顾客 // 155

❖ 事业功能 // 157

❖ 资源限制 // 157

❖ 利润 // 158

7 **提高假说与验证的精准度** // **159**

❖ 排除滞销商品的目的和制约条件 // 159

❖ 建立假说的目的是实现零售业的科学化 // 160

❖ 伊藤洋华堂的假说和验证是模仿 7-ELEVEn 吗? // 161

8 **补论** // **163**

❖ 不同企业单品管理的独特性 // 163

❖ 企业延续的新陈代谢 // 165

❖ 制造业与流通业的造物差异 // 166

第5章 开拓流通业的明天
——假说与提出问题

1 低迷的原因 // 171

- 经营环境的变化 // 171
- 经营管理技术的漏洞 // 174
- POS 带来的负面影响 // 175
- 品类管理 // 177
- 兼顾单品管理和品类管理的必要性 // 178
- 日本的流通风土与政策的不匹配 // 179
- 象征幸福的鸽子标志消失了 // 180

2 针对零售业的未来提出假说和问题 // 182

- 持续寒冬的零售业 // 182
- 动摇的流通政策和盲目相信"规模经济" // 184
- M&A 不适合零售行业 // 188
- 过度鲜度竞争的矛盾 // 195

第6章 中国事业
——跨文化经营的转移

1 **业务开发** // 203
- 起步和进军的意图 // 203
- 1996年1月的国务院方针 // 204
- 对伊藤洋华堂的期待 // 205
- 各种合同谈判 // 206
- 与中国合伙人和高级官员的交流活动 // 212
- 签订合同 // 214

2 **业务的开展** // 216
- 成都1号店 // 216
- 华糖洋华堂的设立 // 217
- 开店后的状况 // 218
- 持续至2002年的课题 // 224
- 2006年的发展状况 // 226

3 **国内外的评价** // 227

4 **经营的特征** // 229
- 用人方面 // 229
- MD // 230

- ❖ 组织 // 232
- ❖ 开店与财务 // 234

5 多次的失败与对策 // 235
- ❖ 日元升值的逆转 // 235
- ❖ 对中国人口的过高评价 // 235
- ❖ 有价无市的高房租 // 236
- ❖ 地方项目的好与坏 // 237
- ❖ 资金不足 // 238

6 从零售业看中国 // 239
- ❖ 中期持续扩大的消费市场 // 239
- ❖ 零售企业的现状 // 240
- ❖ 零售业的课题 // 241

后　　记 // 243

第 1 章

业务改革

——改革的经过及其本质

第1章 业务改革——改革的经过及其本质

本书中，我将以综合商超（GMS）企业伊藤洋华堂的"业务改革"为例，通过分析其历史与作用，来考察非制造业企业为构建可持续发展能力而开展的企业活动。

通常，被认为日本优秀企业所具备的特征之一，即长期的组织能力构建和持续改善的企业经营能力。不过这些案例，集中表现在世界市场环境中具有竞争力的部分制造业企业当中（例如丰田汽车）。但事实上，普遍被认为缺乏国际竞争力的日本非制造业中，也有一些企业拥有为构建长期组织能力所需的组织惯例（所谓的组织构建能力）。隶属于7&I控股（Seven&I Holdings，以下简称"7&I控股"）的主要公司伊藤洋华堂，近年来因导入丰田系的现场指导咨询和各种改善活动而备受瞩目。但这些不是从最近才开始的，作为开创GMS基础的先河的伊藤洋华堂，自创业初期就树立了重视业务结构和利益的经营姿态，为此从经营理论和实际业务手法两方面着手，不断研究可供参考的对策并积极将其引进现场。实际上，20世纪60年代伊藤洋华堂就开始将丰田的业务结构作为TQC（Total Quality Control 全面质量管理控制，以下简称"TQC"）活动的一环，研究并予以采纳。

20世纪80年代，零售环境迎来了巨大变化的时期。在经济高速增长时期，消费者的需求单一，可通过开店来扩大企业规模并使企业成长；但当经济进入低增长期，就需要转变成能够应对消费者多样化需求的新的企业成长逻辑。此时，伊藤洋华堂通过业务改革（所谓的"业革"）这样的全公司活动，再次确认了该公司经营根本的库存管理能力和资金周转能力的提升。伊藤洋华堂顺应时代环境的变化，并发展成为日本具有代表性的零售业（1980年度单店销售额达6879亿日元，1990年度1兆3431亿日元，2000年度1兆4597亿日元）。此时，同行业的其他企业如大荣、Mycal等因未能改变原有的通过开店扩大规模的增长逻辑，在变化的环境中面临经营破产的情况。

这里不能忽视的是，伊藤洋华堂的业务改革不是因企业经营陷入低迷而"设定期限重建经营"，而是该公司一直以来所追求的具有"贯彻基础"思维方式的经营活动。伊藤洋华堂的经营思想和行动，与丰田的经营理念十分相似，这或许就是伊藤洋华堂有时被称为具有"制造经营思维的零售业"的原因吧。

在此，我们将回顾伊藤洋华堂在20世纪80年代应对经营环境变化时所进行的业务改革，并探讨其在经营中的意义和本质。

1 流通行业的变迁和伊藤洋华堂的业务改革

❖ 战后日本连锁店的变迁

在20世纪60年代之前的很长一段时间里，日本的零售业都是由百货店主导的。1960年，在池田内阁"国民收入倍增计划"的支持下，百货店开始向国民兜售生活的梦想。1959年通产省实施了流通近代化政策，在学者间兴起了批发商无用论等，并被标榜为"流通革命"。

在这前后，GMS相继出现。1957年大荣和西友商店成立，1963年Nichii也成立了。另外，1969年和1971年分别诞生了Jasco和UNY。20世纪60年代中期兴起的GMS实现了衣、食、住一站式购物，并以较低价格的销售模式赢得了消费者的支持，实现了快速的成长。

虽然GMS后来因《大规模零售店铺法》（以下简称《大店法》）的施行，增长速度有所放缓，但在20世纪70—80年代仍实现持续增长。1973年，最大型的GMS企业——大荣超过了日本最大百货店三越,在零售界销售额排名第一。

但由于规模、手续、关店时间和停业天数相关规定等,承担开店调整的《大店法》开始阶段性放宽限制,以1990年为界,随着零售业开店数量的剧增,供给过剩的加剧,零售业态间的竞争也日益激烈,导致每平方米卖场的销售效率开始下降,进而导致单店的销售额下降,致使许多零售企业的收益恶化并陷入经营困难(图1-1)。

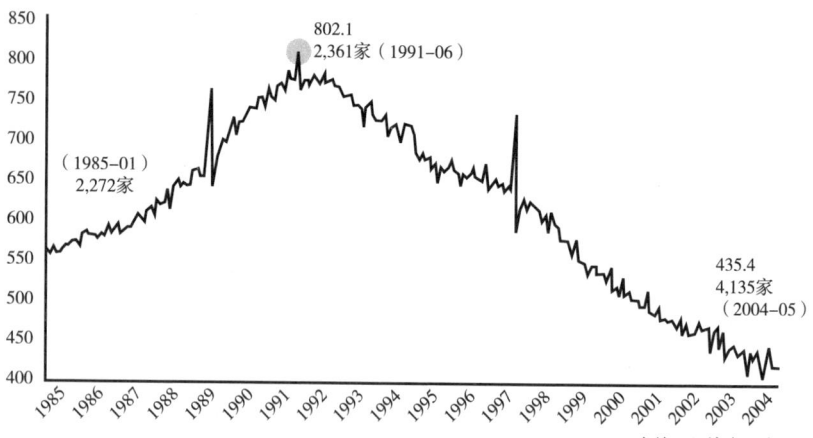

(百万日元) 大型零售店销售(每家店铺已完成季节调整)

802.1
2,361家(1991-06)

(1985-01)
2,272家

435.4
4,135家
(2004-05)

出处:经济产业省

	峰值1991年 (月平均)		2004年5月	增长率
店铺数量(家)	2,389	→	4,135	73%
销售额(每月、亿日元)	18,468	→	18,021	-2%
每家店铺销售额(亿日元)	8	→	4	-44%

图1-1 大型零售店销售推移

另外，泡沫经济的崩溃日益逼近，八佰伴和长崎屋申请适用《企业更生法》(注释：颁布于 1952 年 6 月 7 日，为经营陷入困境但还有重建希望的公司或企业提供了破产之外的另一条出路)，Mycal 申请《民事再生法》，西友申请《产业再生法》，政府产业再生机构主导的大荣重建等，发生了一系列 GMS 的破产（参照表 1-1）。

表 1-1 从 1990 年至 2005 年主要企业的动向

1991 年	·忠实屋达成资本与业务合作协议，并成为大荣旗下的子公司 ·伊藤洋华堂和美国南方公司开始重建
1992 年	·参股大荣和 Recruit ·长崎屋和创业者一族从经营中退任、第一劝业银行的重建
1993 年	·大荣和福冈巨蛋开业 ·自 1965 年以来百货店首次打破前一年大关
1994 年	·长崎屋出售三分之二的 sunkus 股份
1995 年	·大荣公司当期亏损 260 亿日元，也跟阪神·淡路大地震有关
1997 年	·八佰伴申请企业再生法，负债总额 1613 亿日元 ·大荣从八佰伴获得国内 16 家店铺，Jasco 表示支持八佰伴重建
1998 年	·大荣上市以来首次出现经营性亏损，为 258 亿日元 ·西友上市以来首次出现亏损，为 250 亿日元，把全家股份全部出售给伊藤忠
1999 年	·东急日本桥店关门 ·三越自创业以来首次招募自愿退休人员
2000 年	·大荣决定将罗森股份出售给三菱商事 ·长崎屋申请适用企业更生法，负债总额约 3800 亿日元 ·崇光放弃债权和重建，负债总额为 18700 亿日元

(续表)

2001年	·大荣出售罗森股份,罗森脱离大荣 ·崇光宣布和西武百货店进行全面合作 ·Mycal申请适用《民事再生法》,负债总额为17400亿日元,永旺支援Mycal ·伊藤洋华堂、7-ELEVEn和iwebank银行成立
2002年	·伊藤洋华堂将Daikuma全部股份出售给山田电机和野村证券
2003年	·大荣加强与丸越的合作
2004年	·西友申请适用《产业再生法》 ·大荣在产业再生机构的主导下开始重建
2005年	·伊藤洋华堂并购西武和崇光,成立7&I控股公司

如上所述,在零售业极为艰难的时期,伊藤洋华堂也不得不面临销售额停滞、收益恶化的局面,但作为零售业的头部集团,伊藤洋华堂相对保持着良好的业绩。这背后是持续不断进行的业务改革。

❄ 伊藤洋华堂的沿革与业务改革

让我们简单回顾一下伊藤洋华堂业务改革开始之前的历史。1920年伊藤洋华堂始于伊藤雅俊先生的叔叔和吉川敏雄先生,在台东区浅草开设的"羊华堂洋货店"。伊藤雅俊先生在其兄伊藤让先生逝世后的1958年,以500万日元的资本成立了株式会社洋华堂(株式会社伊藤洋华堂的前身)。成立后

第1章 | **业务改革**——改革的经过及其本质

年代	产业结构	大型企业	流通整体	变化要因	竞争模式
1960—1964年	厂商·批发主导的时代 1955年:高速增长时代百货店处于优势	创业期 1957年:大荣、西友等 1963年:Nichii 成立	1959年:通产省流通现代化促进期	1956—1973年:高速增长期	引入自助服务方式 1953年:纪伊国屋
1965—1969年	生活的梦 战后20年:已经不是战后	规模优势神话期 (第一次大重组期) 大荣主导	流通革命无用论的兴起等		商品结构和选品的范围 商品的多样性 早期的购物中心时代
1970—1974年	1973年:大荣的营业额超过三越,成为日本第一	1969年:Jasco 诞生 增长前期 1971年:UNY 诞生 1972年:Uned 诞生	百货店、零售店的葛藤期 (《大店法》提案 1973年4月《大店法》成立、1974年3月实行	1971年:尼克松冲击过速到波动元率制——终结于360日元 1973年:第一次石油危机 1974年:限制投资、抑制总需求	价格、销售方式等同质化竞争激烈
1975—1979年	厂商葛藤 连锁店优势的时代	增长后期 (第二次大重组)	第二次开店限制 (实质许可制)		
1980—1984年		发生成长的困境 体力恶化 失去应对时代的能力	第一次开店限制 (实质许可制)	1979年:第二次石油危机 1981年:《大店法》 地方的时代——城市再开发	通过综合设施吸引顾客 ● Lalaport ● Tsukashin 等
1985—1989年	厂商与批发共存的时代 业态分化与再生的时代 丰富性——百货店 出现品类杀手铺	重建期 摸索新业态 摸索前进的道路	改制期 子公司上市 局外人的成长	日元升值、土地升值,股票升值 1989年日美"广场协议"及其他 《大店法》缓和以及其他 引入消费税	摸索差异化 开始有质量般的竞争 ● 信息系统 ● 生产体制 ● 物流系统
1990—1994年	泡沫经济的结束 1993年:通产省探讨加强流通业的措施	摸索新业态 启动第三次重组——务利他	促进打破和重建创业者时代的变化	泡沫经济	围绕商品结构和选品等存在问题·IY业务改革是大潮流

1988.6.13、1991.3.18、1996.1.31 改订 笔者制作

图 1-2 零售业的历史变迁

该行业发展的历史过程:产业结构与变化的诸要素·竞争模式

不久，伊藤社长于1961年考察欧美流通业，回国后着手制定连锁店政策，同年开设了赤羽店铺。伊藤社长从创业之初就重视"经营的品质"并推行多店铺经营的模式。作为参考，我们可以回顾一下1961年2月份的业绩：总销售额约1亿日元，税前利润为3000万日元，占销售额的3%，同时也是本金2000万日元的1.5倍，总资本2亿日元的15%（总资本回报率15%）。

此后，同行业其他公司追求扩大经营规模，以实现高盈利、高效率为目标，保持企业的稳健经营。作为支持企业经营的制度，中央采购制度（central buying，也叫总部集中采购制度，与之相对的是各店采购制度）、决算权限规定（1962年导入，详细规定了公司账户开户、借入立案和实行、干部的人事调动等相关的决策者及权限）、预算控制系统（有关销售额、毛利率、库存天数、费用和按店铺/按商品的利润等预算的设定和管理体制的规定）等内部统管制度很早就开始引进。这就是现在所说的企业监管（corporate governance）。导入计算机也是在1967年，是流通行业的首次。

1972年9月，伊藤洋华堂在东京证券交易所二部上市（1973年7月在同证券交易所一部上市）。之后1973年11月York Seven（现在的日本7-ELEVEn）成立了，同年5月成立株式会社Denny's Japan。结果，在1977年度财报中，连锁店行业的销售毛利润首次突破100亿日元；在1980年度财报中，销售毛利润为229.7亿日元，超越零售业界冠军三越百货，成为日本第一。这样的业绩得到了肯定，1977年8月被S&P（标准普尔）公司评定为"A"级，1981年7月获得了"A+"等级评价。

从20世纪60年代初期开始，伊藤洋华堂每年都会举行公司经营战略会议。1980年9月12日在箱根的一家酒店举行了经营战略会议。当时的主题是面向"为生存的条件"的"集团管理的革新"，是对商业计划体系的确认。换句话说，为了支撑伊藤洋华堂集团（现为7&I控股）的发展，既要同时推动各公司（运营公司）的自主独立性，又要寻求适当的集团参与和监管治理（控股公司组织），通过引进集团管理系统来达到二者最优的平衡。此系统是汇集大众智慧、管控公司，并谋求与公司和谐发展的工具，是导入一个与出资比例无关、由所有关联公司组成的集团管理的概念。由此成立一个由公司高管组成的经营政策委员会，每隔一周举办一次，每年一次召开公司整体高管的企业经营战略会议，以不偏向于扩大经营规模的均衡成长为目标。

然而，伊藤洋华堂所面临的现实是，在1981年5月29日召开的第一次企业经营战略会议上提出的统括性指导方针更为严峻,顺利开展的企业经营开始受到外部和内部环境变化的巨大影响。

比如,1973年发生了第一次石油危机,同年出台了所谓的《大店法》,次年起开始实行。《大店法》于1978年被修改(次年起实行),1981年通产省发布关于"大型零售店申报自我约束"的通知,1982年2月起针对大型流通企业,对于店铺总面积制定了相关的个别细则的框架。为了应对这些变化,伊藤洋华堂在大量开店的前提下,需要对以往的经营计划进行重大调整和转变。

另一方面,在企业内部出现了各种因长年高速发展而导致的经营管理上的扭曲。比如,应对时代变化的企业能力在衰退,选品与市场需求不匹配,库存周转率的恶化,以及随之而来的降价、废弃损失的增加、断货带来的机会损失的增加等。虽是兄弟公司间的结算,但会使创业以来首次利润减少。

因此,1981年,作为下半年的应对措施,伊藤洋华堂决定修改商业计划。以个别公司为单位召开的第一次企业经营战略会议上,对伊藤社长提出的"暴风雨的应对对策"的拟定方案,包含经营政策委员会成员在内的人员进行了讨论。作为其中的一环,针对商品关系、销售关系、物流关系、整体营业状况、店铺开发关系、业务关系和财务关系，制定"方针确认图表"，提出与以往方针政策不同的新方针政策，在1982年1月进行了组织修正。为了使新方针落地，业务改善委员会（业务改革委员会的前身）正式启动。

以此方式开启的伊藤洋华堂业务改革，在20世纪90年代中期取得了巨大的成果，即使20多年后的现在仍在继续。因此，当同行业的其他公司面临诸多困难时，以及正在进行全球化进程的流通企业被迫退出日本或陷入苦战时，伊藤洋华堂集团已经构建出在国际化上通用的商业模式。

2 业务改革的前夜

首先,我们回顾一下业务改革开始前以1980年和1981年为中心的主要背景。

❖ 业务改革的前夜

如前所述,在1980年的伊藤洋华堂企业经营战略会议上,由负责制定集团经营计划·企划立案的经营政策室提出的方案是,以集团管理体系和计划体系改革为重点来展开比较稳妥。该方案被称为"管理的革新",成为公司未来思维方式和管理方式的基础。1980年召开的企业经营战略会议,也以此为中心展开讨论。

1980年的企业经营战略会议的目标为,确认消费者需求的变化,以及经济环境和开店环境等时代变化的同时,通过集团的新管理体系,明确公司的生存之道。

对此,在1981年召开了第二次企业经营战略会议,根据竞争环境发生的变化，共同探讨了5项事宜。

① 认识现状：整体、内部审计、趋势与征兆。

② 原则的回顾和确认：例如真正的增长率，合理增长率的定义，资金成本，等等。

③ 伊藤洋华堂（IY）集团的基本方针。

④ 综合性指导方针：各公司的共通事项及伊藤洋华堂各总部的指导方针。

⑤ 改善生产效率、降低成本的方法。

也就是说，此会议达到了深入业务（运营）内容的改革的目标。如图1-3所示，从削减库存到提高商品周转率，是面向整体经营范围的内容，与削减库存、损耗对策、订货系统的改善、组织关系等相关的方案都是业务改革的原点。

❖ 暴风雨的应对策略

作为1981年下半年的应对策略，伊藤洋华堂于6月27日召开公司战略会议。在9月22日，关于战略计划，针对各公司再次探讨的结果，为进行公司整体的再次磋商，经营政策室策划并召开了复盘会议。但为时已晚，随着时间的推移，上半年的收益出现首次下降的事实已很明确。另外，随着《大店

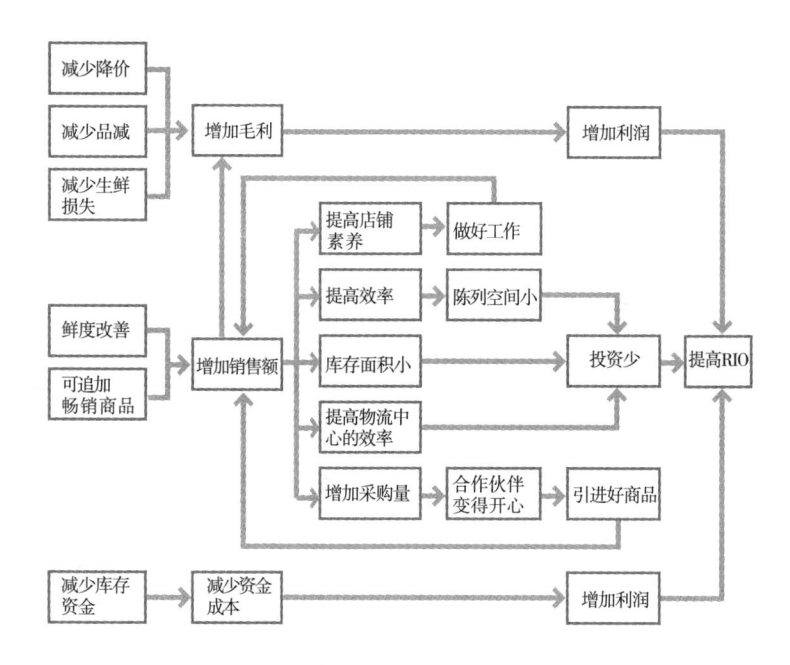

```
[减少降价]──┐
[减少品减]──┼──▶[增加毛利]──────────────▶[增加利润]──┐
[减少生鲜     │           ▲                              │
 损失]───────┘           │                              │
                          │   ┌─[提高店铺素养]──[做好工作]─┐ │
                          │   ├─[提高效率]──[陈列空间小]──┤ │
[鲜度改善]──┐             │   ├─[库存面积小]──────────▶[投资少]──▶[提高RIO]
[可追加      ├──▶[增加销售额]├─[提高物流中           │             ▲
 畅销商品]──┘             │   │  心的效率]──────────┘             │
                          │   └─[增加采购量]─[合作伙伴─[引进好商品]┘
                          │                  变得开心]              │
                                                                    │
[减少库存    ──▶[减少资金                         ──▶[增加利润]──────┘
 资金]            成本]
```

1. 库存浓缩了所有的成果。
2. 最适合作为能够统合所有努力目标的尺度。
3. 同时,可以期待上述的巨大效果。
综上所述,把库存问题作为一个大课题来讨论。

图 1-3 削减库存——提高周转率的效果

法》的修改，开店数量的增长也遭遇了急刹车，伊藤洋华堂不得不修改商业计划。

具体来说，将3年作为商业计划修正的策划期限，开店数量为1982年6家、1983年6家、1984年4家，以打造抵抗经济不景气的强体质为目标，加快制定下半年的应对策略。这就是所谓的"暴风雨的应对策略"。为此，10月12日，召开了管理多个店铺的区域经理（以下简称"DM"）以及总经理（以下简称"GM"）以上的干部参加的会议。该会议的主要内容包括1981年上半年的业绩状况，伊藤洋华堂所处的经营环境，各店的毛利损失、库存、人员状况以及对今后的公司发展的思考等。

之后，此商业模式修正案在11月6日、7日召开的公司战略会议和11月12日召开的企业经营战略会议上分别进行了讨论，直到1981年末，向公司高层确认了该修正案的内容。该修正案还导入了新的组织体制——督导（Super Visor）制度，定位在今后业务改革活动中心位置，排除滞销商品等方案也随之被提出。

为了让全公司的员工都意识到这一点，伊藤社长向全公司下达了"备战暴风雨"的命令。第二年，为了提高全员工的改革意识，公司在总部入口处挂上了"备战暴风雨"的招牌。

1982年开年后,1月11日召开了新商业计划的方针说明会。1月28日召开了公司战略会议,进行了为让全员进一步周知组织的变革说明会。然后,在2月23日召开了被称为业务项目启动会议的新组织·跟进会议,然后终于要开始业务改革了。

3 业务改革的开始

业务改革始于 1982 年 2 月 23 日。改革当天,导入了前所未有的督导体制,实行大刀阔斧的组织改革。为了更好地落实改革,公司将销售部门的大区经理(以下简称"ZM",由前述 DM 进行改组)、商品采购部负责人、同业务责任人、采购员、督导、支援销售的调配人员(以下简称"DB")等 23 名负责人聚集在一起,召开了组织改革的跟进会议。

该组织改革的目的是:

① 消除市场和商品开发之间的不匹配,打造让采购可以专注于采购业务的环境。

② 由督导负责将总部的想法准确地传达给保证各卖场销售利润的负责人等。

③ 确立店铺的自主性。初期的业务改革是理解此组织改革的目的与落实的契机。

❖ 业务改革作为日常业务推进

通常，当公司业绩不佳，进行经营重建时，会普遍在后勤保障部门内建立"改革推进委员会"等特殊推进体制，或者在全公司范围内成立专项小组来推进。但伊藤洋华堂并没有创建这样的组织。因为将此改革定位为，公司全员在各自的组织中，作为日常业务来推进。换句话说，业务改革不是依赖某个人去推动，而是由公司的每一位员工去推行，即使是捡垃圾都可以视作业务改革的一种。安排特殊人员来推行的话，很容易成为形式上的业务改革，是形式化的，这不利于业务改革的长期稳定。以上是当时作为常务董事的铃木敏文先生提出的方针政策。

汇报每个店的改革情况，为共享改革成果而召开的就是"业务改革会议"。

在东京的总公司，每周二召开业务改革会议。该会议的参加人员从当初的 23 人发展到现在包括采购部门的商品部采购主管级以上、店铺销售部门的大区经理（ZM，比店长级别高）级以上的，总共 170 人左右，当然也包括集团社长在内的公司干部。截至 2006 年 5 月 9 日结束会议，一共召开了 950 次业务改革会议，持续了将近 25 年。会议的主导者一开始由铃木常务董事（当时）担任，事务局则由当时担任统括经理的我和经营开发部的工作人员担任（事务局在2003年6月以后，移交到企划室）。在当时的业务改革会议上，对组织改革的意义、业务改革的推进方式以及改革方向等进行了说明，并持续分享了活动的成果。

❖ 开始业务改革的背景

关于伊藤洋华堂开始业务改革的背景，在2001年对财团法人日本经营史研究所的采访里，有由我回复的资料，下面介绍给大家。

第一，上文已经提到过1981年预计上半年业绩会下滑。由于伊藤洋华堂自创立以来一直保持利润增加，但第一次出现利润下滑的预警，对管理层来说是一个巨大的冲击。而利润下滑是有原因的，所以要找出并控制其根本原因。

第二，20世纪70年代经济环境发生了变化。1973年由于第一次石油危机，1974年日本政府出台国内总需求的抑制政策。紧接着，1979年发生了第二次石油危机。在此之前的1971年日本还受到尼克松冲击（日元首次升值）的影响，美元转为浮动汇率制，但日元/美元汇率（从每美元360日元变为308日元）的变化，对整个日本经济的影响超过了石油危机。例如，关于纺织品，当时比批发商、批发型企业实力更强的是贸易公司，如果追溯供应商的源头，就会发现有蝶丽、日光、东丽和帝人等贸易公司和制造商。由于这些贸易公司从事进出口业务，受到日元/美元汇率（日元上涨）变化的影响很大，因此在商品采购方面，伊藤洋华堂也间接地受到了影响。

第三，开店环境发生变化。1974年首次施行开店规定（《大店法》），1981年《大店法》实质上转为许可制度。当时的伊藤洋华堂计划是1982年开10家店、1983年开12家店、1984年开12家店，总共要开34家店，但由于上述规定，预计只能分别开6家店、6家店、4家店，总共16家店。结果，招聘人才、商品采购计划和物流配送中心计划等以通过开新店实现成长为前提的所有计划，都需要重新调整和规划。

第四，是定性方面的"五个鸿沟"（学习院大学教授田岛义博对伊藤洋华堂提出的建议）。

①"MD（Merchandising商品营销企划，以下简称为"MD"）鸿沟"——被认为受到了最大的影响。"MD鸿沟"是指顾客想要的商品与卖场中商品的不匹配。当时，由于商品生命周期的日益缩短，迎来信息化、成熟化的社会，以及从卖方市场到买方市场的转变，进一步扩大了商品与市场的不吻合。

②"体系鸿沟"——这是"管理的鸿沟"之一。店铺数量的增加和店铺规模的扩大,已超出店长的管理能力范围,或者,应对店铺规模扩张的物流系统的构建滞后,能够掌握全局信息系统的发展也没能跟上等。例如,伊藤洋华堂于1980年在八户(青森县)、函馆·旭川(北海道)、秋田开设店铺;1981年,虽在各务原(岐阜县)、钏路(北海道)开设店铺,但观察这些店铺规模会发现,20世纪70年代上半期卖场的面积从原来的3000坪扩大到4000坪。随着这些店铺的规模和开店区域的扩大,相应的店铺运营体系、物流体系和店铺管理体系都没有跟上。

③"管理鸿沟"——就是对高层管理人员、具有凝聚力的伊藤社长依赖的倾向,由于公司规模日益扩大,已经超出了社长可以直接控制的阶段。

④"士气鸿沟"——在20世纪70年代,由于开店速度加快,人员晋升速度也随之不断加快。即使经验尚浅的人也很快晋升为主任或经理,但后来随着开店速度的下降,人员晋升速度也变慢,本应随着晋升可期待的收入增加部分被迫减少。单从这方面,预测员工的士气会下降。

⑤ 最后一个,被认为连锁店行业特有的鸿沟。由于盲目地相信规模经济效益,与商业合作伙伴的关系往往集中在价格

等交易条件的谈判上,这种谈判缺乏理性,往往容易产生情感上的摩擦。零售行业迄今为止所获得的规模经济的红利,由于政策的变化(《大店法》的修订)等而停滞不前。尽管零售业中各店铺、各商品存在许多无效的商品,但大部分公司仍然盲目地相信公司规模扩大与规模经济效益直接挂钩。

上述五个鸿沟就是业务改革的背景。

4 业务改革委员会提出的具体措施内容

◈ 从排除滞销品开始的七大步骤

业务改革委员会提出的改善内容,分为以下七大步骤(表1-2)。

第一步是排除滞销商品,也就是将卖不出去的商品从卖场的选品中剔除。具体来说,通过剔除滞销商品来减少库存,通过提高整体商品的新鲜度,来减少商品降价的损失。此外,在剩余空间里摆放畅销商品和未来有望成为畅销的结构性商品,来增加销售额。

针对排除滞销商品的具体实施,需要清晰了解商品流程的系统,也就是说,需要单品管理的彻底执行和开发单品管理的系统。其中心是放在减少库存和提高商品周转率(第16页图1-3)上,因为库存浓缩了所有的经营能力和资源所带来的成果。换句话说,店铺的销售能力、总部的商品开发能力及采购能力、店铺运营阶段的管理能力、整个公司的综合经营管理能力、功能和资源及系统力等,如果未能稳固地构建这些能力,那么库存就会不断地增加。

哈佛商业调查局的报告书也强调,在零售业中,企业盈利最重要的因素之一就是资本周转的速度,特别是投资商品的资本回收速度和库存管理。

另外,库存指标作为经营管理指标,容易将所有相关人员的努力目标和行动统一起来,达到显著的成果。还有一个理由是,通过这个指标,更容易进行生产、配送、销售的过程管理。

关于这一点,为了让干部和员工都知晓并彻底执行,公司面向约1500人开展了5次说明会。

第一步,把焦点放在滞销商品和卖不出去的商品上。为此,要着力于订货、配送、系统、未到货和延迟到货的改善。对于断货、缺货等,在防止机会损失的同时,减少降价损失。通过减少库存来降低机会损失和降价损失,其目的是让管理活动形成良性循环。

第二步是陈列面(商品棚割)管理。在减少了库存的空间里,投放畅销商品和结构性商品,积极扩大或缩小陈列面。通过控制陈列面来提升店铺销售额。

第三步,将以上两个步骤与资本、劳动生产效率的提高联

表1-2 业务改革七大步骤
1983年8月刊登于集团内部杂志10月号上

步骤一	排除滞销商品 对接单订货、配送系统、未到货、延迟到货、断货,以及缺货等出现问题的原因进行系统地处理,减少库存、降价、减少生鲜损耗、减少盘点损失
步骤二	陈列面管理 积极导入畅销商品和结构性商品,提高陈列空间效率 ＝提升销售额
步骤三	改善资本(每坪)投资回报率和人效(人均) 空间分配的弹性化 与工作分配的联动 确立导入POS在内的单品信息系统
步骤四	通过MD的自主管理、MD的风险管控确保利润,并与合作伙伴分享利润 合同系统的确立 配送・系统革命和促销革命
步骤五	确立店铺的自主性 总部采购员、支持销售的调配人员、督导、相关人员组成理想的团队
步骤六	后勤保障部门的业务改革
步骤七	通过基础工程增强企业体力,观察分析成果后再正式发起攻势 百货店业务、折扣店业务、体育专卖店事业等

系起来，推动卖场的进化。具体来说就是将空间分配的战略性弹性化与工作分配进行联动，包含导入 POS（Point of Sale，销售终端）的单品信息系统等的确立。例如，以即使店铺的兼职员工（简称"兼职工"）占比为100%，也能正常运行的系统打造为目标。

以上三个步骤是企业内部的合理化改革。基于前三个步骤的完成，再推进至第四步，通过包含维持与商业合作伙伴关系的外部的协作，进行更深入的改革。

第四步，是 MD 的自主管理和 MD 的风险管控。公司希望承担市场风险的同时获取相应的利润，也希望与合作伙伴分享获得的利润。因此，在这一步，致力于建立合同体系、完善配送体系及改善促销的盈利性，进而开展 MD 的自主管理和风险管控。

第五步，确立店铺最大限度的自主性。在现场发生的事情只有现场的人才知道，总部无法处理。为此，打造与总部的采购员、经销商（DB）和督导间的理想的团队协作。

如上所述的构建第一步到第五步，这五步旨在经营改善中，提高如下几个生产效率：第一步，提高库存效率；第二步，提高空间效率；第三步，提高人效；第四步，提高促销效率；第五步，确立店铺的自主性。以上五步是以提高组织效率为目标而制定的方针政策。

此外，如果第一步到第五步的流程活动发生变化，那么支持它的业务活动自然而然地也发生变化。所以，第六步要进行后勤保障部门的业务改革，然后在第七步中，全公司和全体员工共享并实践第一步到第六步的业务改革，增强整个组织的基础能力，分辨实际取得的成果，并发起包括新业务在内的全面攻势。

❖ 通过单品管理进行假说与验证

如果业务改革与其核心的单品管理没有很好地结合起来，改革的效果就不能被充分体现出来。因为局部的优化无法达成公司整体的优化。因此，要使用计算机来进行单品管理。

伊藤洋华堂在 1965 年就已开始实施类似单品管理的活动。这是基于畅销商品的 ABC 分析，将库存和销量相匹配的基本方法。随之，针对个别商品，诸如畅销商品、结构性商品和滞销商品等进行了定义。通过这些定义，能仔细观察顾客的需求、不满和商品动向。可以说，细致的观察，尤其是站在顾客的角度观察，是伊藤洋华堂从那时孕育起来的企业文化。

关于单品管理会在第 3 章和第 146—148 页详细阐述，这里先介绍单品管理的六个组成要素。

在单品管理的过程中,第一要创建"畅销条件"(图1-4)。

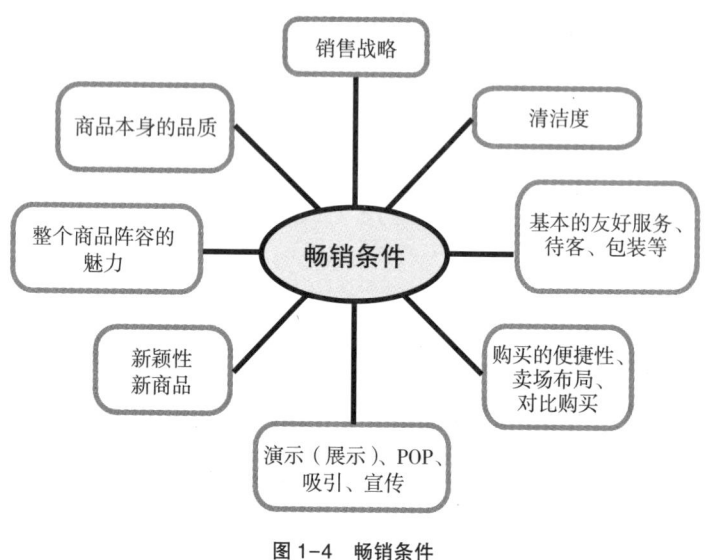

图1-4 畅销条件

畅销条件的组成要素:销售战略、清洁度、基本的友好服务、待客、包装等、购买的便捷性、卖场布局、对比购买、演示(展示)、POP、吸引、宣传、新颖性新商品、整个商品阵容的魅力、商品本身的品质。

第二,在创建好"畅销条件"的基础上,进行每天的订货和卖场微调整。第三,掌握问题并解决问题。第四,跨越各自的领域,针对公司应该处理的问题进行体制性改革。也就是说,在整个零售活动的大流程中,需要掌握哪里出了问题并解决问题,其对象会涉及公司以外。第五,关于何种条件下会给销售额和利润带来影响的知识储备。第六,管理阶段,就是在更高层次上把握上述整体流程,建立假设并加以验证。接下来,会进行更详尽的说明。

① 畅销机制

如图 1-4 所示，创建畅销条件有以下三组要素。第一组是与商品相关的三个要素，也就是商品本身的品质、整个商品阵容的魅力、商品的新颖性以及新商品。

第二组是打造销售上的基本条件。具体包括清洁度（商品的整理整顿，卖场、地板、洗手间的清洁状态），友好的服务、亲切的待客以及包装等要素。

第三组是作为两者之间的几个要素，卖场的布局、购买的便捷性及可对比购买等，包括快乐选购等在内的促销条件，以及做好展示、吸引和宣传的卖场打造。

② 改变销售动向的每天调整

这指的是每天的订货方法和卖场调整。根据天气、食品市场价格的波动、区域活动、竞争等信息，结合订货量、陈列面、销售方式等，制定第二天的卖场和人员计划。此外，关于商品的摆货量、陈列位置以及降价等，店铺当天要反复进行调整，并弄清这些微调所带来的销量变化。影响销售动向的因素包括天气和季节变化、商品生命周期变化、价格的变化、与其他商品相关的变化、竞争店铺出售的变化等。这样每天对订货和卖场进行微调，就是实行单品管理的第二项活动，尤其是持有销售的意图，进行假设和验证是很重要的。

③ 对结果的分析与评估

单品管理经营的第三项活动是分析和评估执行结果，并反复分析原因。这个循环就是所谓的"PDCA"（Plan、Do、Check、Action）。在执行 PDCA 的过程中出现的显性问题，由每个员工和相关部门解决，但员工和相关部门解决不了的问题，或者特定组织内无法解决的问题由公司层面去解决。执行如此精细的单品管理活动，不仅可以引导卖场，而且可以带领整个公司的体制改革，从而提高公司的整体生产效率。

通常进行业务改革时，制定某种目标、达成后进入下一个阶段，根据每个时期设定目标并推进的情况较多。伊藤洋华堂最初也是这么想的，但是商品也好、店铺也好，因解决问题的阶段不同，不能一个阶段一个阶段地按部就班，而要转变成平行且连续性地解决各种课题。此外，业务改革·单品管理将重组公司整体的体制，从这个意义上来说，关系到企业活动的根源，将其视为需要日常的持续性进行的经营活动。

❖ 骤减的未到货率和库存天数

接着，确认一下 20 世纪 80 年代的业务改革成果。业务改革开始后的 1982 年到 1990 年伊藤洋华堂的业绩如表 1-3 所示。

表 1-3 伊藤洋华堂业务改革以来的数值推移

	1982	1983	1984	1985	1986	1987	1988	1989	1990
税前利润（亿日元）	223	318.5	386.7	464.6	520.7	625.2	730.7	797.2	888.4
库存（亿日元）	359.2	326.4	320.8	306.9	306.4	325.3	378	385.7	412.2
库存天数（天）	50	43	40	35	33	32	32	31	33
未到货率（%）	30.2	8.8	5.2	3.1	1.6	2	1.7	2.3	3

（注）库存、库存天数、未到货率由服装事业部门统计，税前利润为全公司数据

表中的库存、库存天数、未到货率是包括新店铺的服装事业部（女装、男装、童装、内衣等）在内的数据。例如，1982 年的未到货率是 30.2%，相当于三成的下单商品没有到货。经过改善后，未到货率降低到 3%。在这个水准上进一步追求减少的话，考虑到与成本的关系不划算。1982 年时点上，加工食品的未到货率也达到了 29.3%，但开始业务改革和实施单品管理经营之前，企业并没有意识到这一现实。幸运的是，即使当时不太在意未到货率，但企业得到了持续性成长，可以说是良性的卖方市场时代。加工食品的未到货率，在 1983 年改善至 12.4%，1984 年降到 3.9%。

基于这样的成果，伊藤洋华堂在 1983 年将减少库存、随着毛利率提高的库存改善、销售额增加带来的库存改善和毛利

率的提高、爆发性的销售额增长、提高资本生产率及投资回报率（Return On Investment，以下简称"ROI"）和人效的提升，设定为阶段性推进的改善目标。不论是当时还是现在，减少库存和降价损失以及利润之间存在明显的相关性。

❀ 敢于树立理想的目标

业务改革委员会提出的业务改革要点是，在店铺层面，首先打造店铺拥有一种即便销售额没有增加、仍能盈利的体质。这种情况下，

① 追求让库存商品都能成为畅销商品的体系。为此，必须了解畅销商品，对畅销商品做出有主张的展示，不出现缺货，并严格遵守订货和交货时间。将三成商品从未到货的状态改进为能严格遵守交货时间的状态。此外，

② 要求尽量达到即使100%都是兼职员工也能运转的体系。

③ 构建工作3个月以上的兼职员工，可以自行订货的体系。另外，

④ 店铺信息和市场调查信息一定要反馈给采购人员，因为这些信息关联下一步的商品开发。

⑤ 薪酬、工作质量和业绩评价必须挂钩。

另一方面，在总部的采购层面，首先，

① 导入规格明细书订货和合同的概念。以服装为例，在日本退货是习以为常的行为，在这种情况下导入规格明细书订货和合同的概念，虽然伴随着极大的风险，但如果进展顺利，也会成为一个机会。因为通过合同订货，可以确保数量，减少机会损失，还可以通过防止未交涉提高加价率。接下来，

② 让合作伙伴遵守与交货、新鲜度、库存周转等相关的约定，及在违反约定的情况下对其进行完全的惩罚管理。

③ 在设定目标时，应该设定缺货率目标、每个品种（class）·品群（Line）（以衬衫为单位）的商品周转率目标、退货率目标，并努力实现这些目标。此外，

④ 完善配送和EDP（Electronic Data Process）系统。

⑤ 通过有计划性的店铺促销活动获得盈利。

⑥ 重新审视合作伙伴，筛选优质的合作伙伴。

⑦ 打造具有营销意识和商人意识的人员的组织化。

另外，作为一个组织，

① 打造能够更加切实履行组织之间约定的体制。

② 旨在确立店铺层面的无限自主性。

总之要从勇于接受挑战的角度出发，敢于树立崇高的理想和目标。

❖ 从高速增长模式向低增长模式的转变

在此,我们回顾一下自业务改革开始1年以来的阶段性成果。当时,以社长为首的管理层都认识到伊藤洋华堂在高速增长的过程中,丧失了应对时代变化的能力,并发现了随着高速增长而出现的经营上的扭曲。从1970年到1980年,伊藤洋华堂销售额增长率累计为年均30%。另外,同期利润增长率超过了31%。如果一直保持30%的高增长率,无论有多么精细的管理和系统支撑,都会产生偏差。

例如,当时畅销商品和滞销商品不明确,采购人员的计划、开发、进货的判断标准也很模糊。同时,店铺的订货标准不清晰,订购的商品什么时候到货也不明确。而且员工的工作,没有跟上经营规模、店铺规模、地域性范围的扩大,与企业成长速度严重背离,分权化进展缓慢。

这样的情况下,在开发易于订货的系统、有助于营业活动的信息搜集和提供、应对缩短商品生命周期的物流及配送系统等方面,总部的改善举措出现了滞后。虽然经营层已经萌生了问题意识,但在很多领域,由于员工的惰性,这些问题没能在店铺层面显现出来,没有被认识到。

例如,在超市普遍通过发传单来进行促销,但对于这些促销活动是否真的能带来利润,却没有进行相关的评价,只是一味地按部就班地做。由于促销,不仅增加了促销成本和库存量,卖剩余商品导致的商品损耗和降价损失也增加了,同时增加了员工的作业工时。那么,促销活动后是否有足够的销售额来弥补这些损失呢?显然,他们缺乏这样客观的分析。

从组织的层面来看,伊藤洋华堂也出现了类似大企业病的症状。也就是说,有时与组织之间的约定没完全被遵守,不遵守约定时的处罚及责任的承担者不明确,出现了高层和现场相互背离的现象。结果导致了企业库存周转率的恶化,降价损失、废弃损失以及机会损失的增加。由于各商品部门和每个店铺在发展阶段、经营条件、竞争环境、人员数量和品质、地理条件和店铺规模方面都不同,所以应该综合推进业务改革。基于这样的思考方式,从1985年起,伊藤洋华堂不拘泥于先前介绍的七大步骤,而是修正为立足于各个店铺和卖场的情况,并行地推进业务改革的方针政策。

这些转变旨在应对"从成长到生存""从卖方市场到买方市场",以及"成熟社会·信息化社会"等环境变化。同行业其他公司还在追求"以量增长为目标的经营模式"时,伊藤洋华堂已经实现了企业经营模式的"质"的转变,至少已经描绘出了设计图并开始转向新的经营模式了。

5 业务改革的经过

❖ **业务改革的三个阶段**

在此，我们重新梳理伊藤洋华堂业务改革的经过（表1-4），并回顾一下1982年至1990年的历程。这个时期大致划分为三个阶段。第一阶段，1982年到1985年，为实施单品管理创造前提条件；第二阶段，1986年到1988年，面向MD改革所追求的真正的单品管理；第三阶段，从1989年开始，为均衡扩大而进行的业务改革。

在单品管理的实施过程中，POS系统是不可或缺的。零售业上领先的美国，将重点放在了生产效率的改善上，伊藤洋华堂则将侧重点放在了市场营销和MD的运用上。POS系统带来的效果（革新）有以下三点。

① 将顾客的需求的信息传递给商品开发的现场，由零售业反馈给制造商，某种意义上可以说是创建了逆流而上的商品开发流程。

表1-4 业务改革的经过

推行单品管理的前提条件
业务改革元年——组织改革的跟进 　　组织改革　基本理念·提高店铺的自主性 　　　·采购人员进行商品开发和能够专注于采购的组织 　　　·方针政策能够贯彻到现场的组织：督导制 　　　·排除滞销商品·减少库存、转变为"销售额下降也无妨，但增加利润"的思维方式 　　　·将降价的权限从商品部门转让给店铺
提出七大步骤和整体思路 　　解决整体的库存问题：订货、配送、未交货或延迟交货、EDP订货率、指定交货、作业分配等整体的改善
1年后导入的POS体系的构建——唤起店铺的主体性和自主性 　　　·体验单品管理的重要性 　　　·尝试按店铺分类的订货薄（Order Book，简称"OB"）制度 　　　·利润责任在于店铺：修正数值责任的存在方法（否定一部分连锁店理论）
导入POS 　　　·挑战机会利润，增加需求订单 　　　·投入标准、滞销品标准、选品标准等MD软件方面的开发
店铺单品管理的追求和面向MD改革的活动
活运用POS 　　　·建立假说的方法、看数据方法的训练 　　　·基于POS项目的软件开发 　　　·基于大区经理（ZM）的体验单品管理 　　　——生鲜损耗，尤其以鲜鱼为模型探索改革的方向
基于整体与单店的单品管理——在整体和结构上进行改革：提出单品管理的步骤，基于食品业务部总经理（GM）的体验单品管理
确立店铺的自主性 　　　·让兼职员工分担订货 　　　·修正收银员专职制，将收银业务移交到卖场 　　　·蔬果店铺的定价 　　服装·家居业务部GM的再次业务改革
以"追求品质"为目标的MD改革：面向扩大均衡
八年来的业务改革中，进行评价·分析，结论是对组织、商品、会议体制、合作伙伴等所有对象进行"聚焦和整合"的提案 再次着手组织改革，进一步确立三权分立 推进MD的自主管理、MD的风险管控
组织改革：组织改革的跟进 单品管理的条件分析：商品政策、商品数量计划的修正 修正容易陷入价格竞争的折扣商品领域的选品政策

② 将POS信息作为媒介，促成零售商、批发商、物流、制造商之间的联合协作，为行业供应链管理（SCM）的形成作出了贡献。

③ 在社会层面，7-ELEVEn通过导入IT和运用POS系统等现代化工具，有效促成年轻一代直面有传承困难的小型零售店（所谓的夫妻老婆店），为小型零售店的未来开辟出一条道路（7-ELEVEn特许加盟经营事业）。通过业务改革，给大家展示一下执行并持续确认的MD循环（图1-5）。通过行业改革，不断重复整个过程，进而不断进行改革。

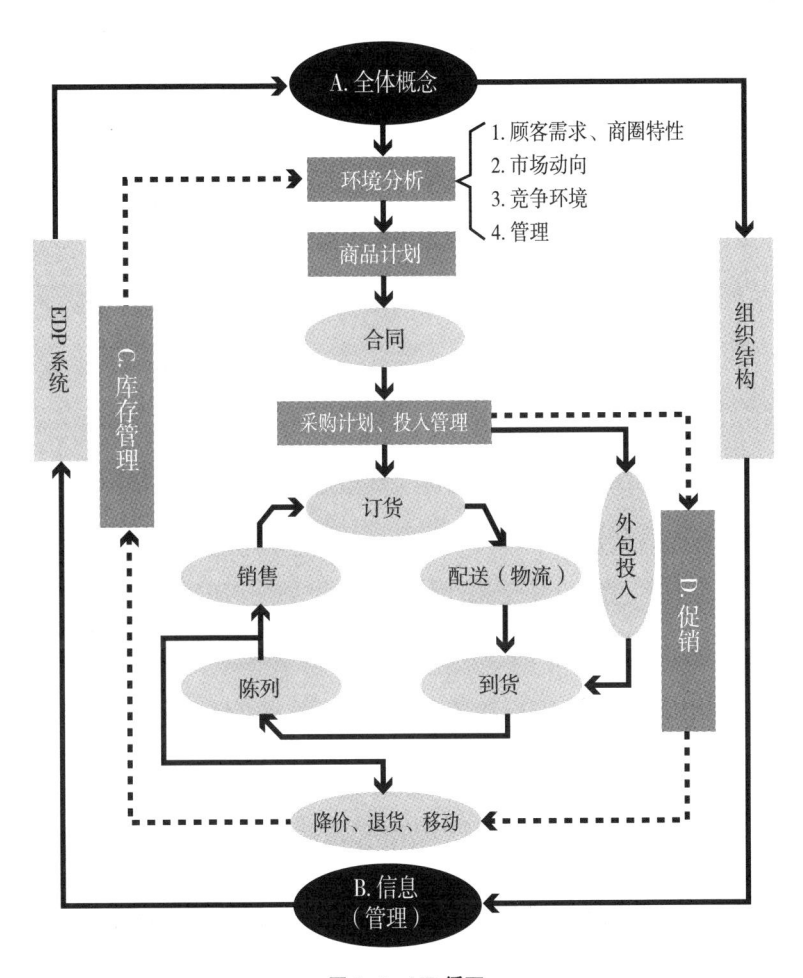

图 1-5　MD 循环

6 业务改革的特点与评价

❖ **先从消极的滞销商品开始排除**

伊藤洋华堂业务改革的特征,首先可以说是,从排除滞销商品这一听起来很消极的方面着手。这实际上是业务改革的驱动力,同时也是业务改革的重点。换句话说,从积极的地方开始寻找生存之道,是常规的思路。然而,通过敢于以消极部分作为切入口,进行割裂的这一点,可以顺利推进之后的业务改革且充满力量。

那排除滞销商品是什么?店铺里虽有很多商品,却没有顾客想要的商品,这种现象非常常见。例如,如果衬衫的领子尺寸和一位顾客想要的不一样,那这件衬衫就不是这位顾客想要的,那对这位顾客来说它就不是商品。虽然卖场里有非常多的商品,但没有这位顾客想买的商品。在业务改革开始之时,滞销商品的代表性例子就是衬衫。衬衫领子尺寸从37厘米到43厘米不等,袖子也有各种长度,颜色也多种多样。但是供应商全部以同样的数量交货,销售方也认为这是理所当然的事情。无论销售动向和顾客的需求如何,所有尺寸、所有商品都应以多样化进行供应,店铺也用这种形式选定商品。

于是,店铺的商品库存周转天数有10天、有15天,也有立即被售完的。或者平均库存天数为50天,甚至达到100天、150天等陷入长库存天数商品的状态。为摆脱这种状态,找到顾客想要的商品和畅销的商品,并重新开发,优先进行了排除滞销商品。

在顺利排除滞销商品、消除经营缺陷、减少库存的大方向上,无论是汽车产业还是纺织产业都是一样的,是按照现场组织能力→内在竞争力→外在竞争力的顺序,逐步进行改善。

这是丰田的基本经营理念。丰田的员工经常思考"问题是什么?"如果思考"问题是什么?"是让员工感到厌烦的企业文化的话,现场就会变得越来越暗淡;但如果是有问题才是理所当然的,没有问题反而觉得有遗漏的企业文化,公司的员工会将发现问题作为享乐。丰田是这样的企业文化,但恰恰相反,本田公司是正像"本田宗一郎的梦想"里体现的词所象征的那样,彻底从积极的角度出发的。

另一方面,美国企业往往有从利润方面入手的倾向。如果从商品周转率(内在竞争力)的角度看问题,就知道商品周转率提高了，利润就会增加，但将同样的问题，从利润的角度去看的话，就会形成大量进货、大量售卖出的思维，进而产生想以高价出售，通过批量获得更多折扣的想法。进行大刀阔斧的改革时，美国式的经营方式有时会更有效。不能单方面地说好与不好，但无论如何，伊藤洋华堂的业务改革与丰田的做法有一定的相似性，甚至让人觉得如果丰田经营超市的话就会变成伊藤洋华堂这样。

在排除滞销商品时，重要的是在采购商品阶段，就要明确采购该商品的依据。不管采购该商品正确与否，在最初的采购阶段，就要十分明确为什么要采购该商品，这是减少滞销商品的前提。

其次，即使是不容易卖出去的商品，也要试着将它卖出去，销售能力对于排除滞销商品来说是不可或缺的。

此外，打造一个方便顾客购物的店铺，也有助于排除滞销商品。在店铺，根据来店顾客汽车动线的不同，入口处位置设定，店员的动线、作业的动线，以及商品的运作方式等都会不同。如果说与丰田有着不同之处的话，在零售业，一切都在不断变化的环境下进行着。即使是在停车场画白线时的细微的角度，甚至车辆间的距离，也是为了便于驾驶技术不娴熟的顾客也可以轻松停车而精心设计的。这些都是有着润物细无声效果的设计和制造。

当然,畅销商品根据商品和条件的不同,其销售方式也是多种多样的。但是,滞销商品的销售方式比较固定。因此,应从确确实实能确定的滞销商品开始,将其原因进行彻底地验证。另外,先从可按照自己的意愿去执行的事情,以及可进行管理的事情开始去做。

❖ 彻底贯彻假说与验证的经营

在伊藤洋华堂,现在全员普遍认为,公司传统的假说与验证等思维方式和活动,其实诞生并确立于业务改革之时。"假说"一词最早出现在业务改革开始后的一年,即1983年左右。最先导入POS的是7-ELEVEn。为了不让POS数据的使用方法出错,提前对订货量、陈列面、销售方式等做了假说,并在此基础上进行了验证。也就是说,通过建立假说,可以验证原本的想法。即便假说是错误的,通过澄清,也可以确认正确的想法。

据说在丰田,对假说本身的评价和对建立假说者的评价是分开的。提出假说的人的观点被推翻后,假说本身被全盘否定了的话,就没人敢再提出假说。然而,即使假设是失败的,但因行不通而积累了智慧的话,这个假说是有意义的。伊藤洋华堂也做过同样的事情,如今俨然已成为传统。

在东京大学的零售·服务业管理体系相关的研究会中,同一所大学的藤本隆宏教授对伊藤洋华堂的假说与验证进行了如下陈述。"有两个说法,一个是砍掉滞销商品,另一个是不能让滞销商品消失。从采购员的角度,肯定是建立畅销的假说后采购进来,但如果商品变成了滞销商品,他的假说就会被推翻。首先,有一群从5米左右的距离,以冷静视角进行验证的人。另一方面,在1.5米处,也就是在卖场的人,通过精心地陈列商品、改变商品的陈列位置来努力销售商品。他们建立如何才能销售出去的各种假说,想方设法把商品卖出去,但做法都被否定时,那些商品就可能成为滞销商品。在这种情况下,在10米左右位置的人,会做出该商品是滞销商品的判断。在变成滞销商品前,不同高度的人都参与其中。在判定为滞销商品时,明明是销售量好的商品,但在没有进行现场的假说·验证的情况下,有可能直接将其判断为滞销商品。会出现没有努力去销售而导致滞销的商品。想准确地判定滞销商品,现场不能简单地认为商品是滞销商品。"

这个指摘非常重要。不充分理解ABC分析,将B定为B级商品、将C定为C级商品,盲目下结论是很危险的做法。

对于卖场，会因为商品的陈列量和销售方式不同，商品之间的竞争或受到竞争店铺的低价引流商品的影响，而出现销售额的波动。不能简单地通过数字判断商品等级，而要深入思考问题发生的原因，这样才有假说和验证的意义。

❖ 业务改革会议中管理层与现场的原始信息的直接交流

在伊藤洋华堂每周的业务改革会议上，集团内的 170 名高管会抓住原始信息的问题，讨论其改善措施。伊藤洋华堂业务改革的特点是依据非结构化的原始信息，进行信息共享并解决问题。

高层管理者经常使用直接的沟通方式，在 7-ELEVEn 经常被运用，而这也是铃木敏文常务（当时任职）所强烈倡导的。

在高层领导者的强烈意愿下，业务改革会议上进行了原始信息的交流，但在交流原始信息时，不是单向，关键在于双向沟通，不仅是上下级之间，横向或斜向的信息传达也很重要。原始信息的好处在于，能传达一种临场感和紧张感，在信息质量上，同一立场的同伴的信息更容易产生共鸣。而且，失败相关的信息更能引起共鸣。如果是前期准备的信息，就很难取得这样的效果。

在每周召开的业务改革会议上，每个人都专注于建立假说、验证、进行报告、相互交换信息。另一方面，事务局不断进行自身的验证，报告有关目标和应有的姿态理论，所谓"接受整骨治疗，挺直脊梁骨"的验证行动和相关本质和目的的评论，以及持续引导至应有姿态的理论。事务局还绘制出许多面向改善的结构设计、功能设计和工程设计图。纠正错误和事实，有时会使人际关系恶化，虽对业务线上的人来说很刺耳，但是即便如此，也要把正确的事情如实进行汇报。相反，对错误的事情，要持续改正错误的行为，如此能建立起真正的信赖关系，并给业务线上的人长期的刺激和勇气。基于上述的事实反馈，在组织活动中，为了达到角色和功能的相互制约和健全化，将其明确为"检查与平衡"活动。

❖ 授权给现场人员

接下来，介绍培养现场人才方面的特点。伊藤洋华堂和7-ELEVEn的兼职员工，也被要求具备发现问题的能力和解决问题的能力。这种多能工的占比与店铺的业绩之间存在明显的相关性。这种相关性在鲜鱼部门得到了证实。在伊藤洋华堂，不存在正式员工和兼职员工之间的区别问题。这是公司内部的人事层面的分工，顾客不会去区分两者。这也许就是伊藤洋华堂集团与其他连锁店的不同之处。换句话说，这就是能否将业务改革的推进意识，成功贯彻落实到每一位兼职员工层面的连锁店之间的区别。比如订货的时候，食品部门有负责鱼的人，也有负责肉的人，但是如果这两个负责人互相不了解对方在做的事情，那么整个食品部门就不能很好地运行。例如，做寿喜烧需要用到肉、烤豆腐、大葱、魔芋丝和鸡蛋，在卖场必须协作起来才能更好地推动销售。从这个意义上说，共享信息是极其重要的。所以即便是兼职的学生也要跟他共享此类信息。虽说"智慧寓于细节"，但如果大家不能共享现场的信息，并将其运用到日常活动中，那就毫无意义。

即便如此，多年来极少有公司让兼职员工拥有订货权限。让兼职员工也拥有至关重要的订货权限，不仅限于零售业导入，在其他行业也应被积极推行。关键是要培养兼职员工建立假说、执行、验证的能力，以及解决多能工的素质和水平差距上的课题。

无论如何，本章所介绍的机制改革的循环，在多大程度上渗透到兼职员工身上是很重要的。例如，在MD周期（图1-5）中，兼职员工对"配送在右、销售在左的循环"的理解有多深呢？这个度有时会决定工作效率。为此，有必要在店铺操作间粘贴图进行"可视化"，彻底做到让兼职员工画，就能立即画得出来的程度。伊藤洋华堂的兼职员工占比将近70%，如果不如此推行，那么未浮出标面的问题就无法暴露出来。而且，为不断落实员工的内部化，伊藤洋华堂会召开每天的订货会、督导（SV）会议、店长（SM）会议，每周的业务改革会议，以及一年两次的政策方针说明会。

关于现场不太依赖文件和手册这一点，与丰田有很大的区别。这可能是伊藤洋华堂的组织惯例或多或少有差异的缘故。在这方面，丰田确立较完善的文件，但伊藤洋华堂却对手册予以否认。原因是，有手册，你就会感到被束缚。如果只根据去年或者昨天的数据做生意，就会有缩小均衡的想法。这或许反映了因环境变化剧烈，在很多情况下，被要求具有随机应变能力的零售现场和汽车生产现场的性质差异。

❖ 伊藤洋华堂业务改革的本质

所谓业务的改革，一般是以扭转经营状况为目的，通常会限定期限，以"〇〇年度之前改善……"的方式进行。组建事务局这样的组织，以此为中心，作为全员运动来推进。然而，伊藤洋华堂的业务改革并非如此。所有员工从各自的角度（在各自的现场）进行业务改革，而且到目前为止他们仍在坚持做。

此外，"排除滞销商品"、"假说与验证"以及"向现场的权限转让"等活动，加强了伊藤洋华堂的优势，也进一步增强了企业的组织能力。虽说是大规模的业务改革，有些企业会通过对引入之前没有的元素进行革新，但伊藤洋华堂的业务改革，旨在进一步提高创业以来积累的经营资源的效率，以及贯彻与强化体制。

此外，如果将藤本隆宏等人的"制造的组织能力"观点套用，伊藤洋华堂在业务改革中贯彻的是真正能提高"内在竞争力"的活动。如何通过选品和卖场开发来应对市场的需求和趋势，如何通过宣传促销来实现差异化，是零售业的"外在竞争力"。例如，大荣一向重视以开发 PB 商品和以"好东西越来越便宜"为促销标志的价格战略，而西武 Saison 采取了其他公司所没有的感性诉求的形象战略等，开展了强化"外在竞争力"的活动。与此相对，伊藤洋华堂作为零售商，当然也抓住时机进行了选品和卖场开发等"应对变化"，但仍特别重视企业业务结构的继续完善。这被称为"通过组织能力的构建，强化内在竞争力"。就这样，伊藤洋华堂通过提高

"内在竞争力"的业务改革,发展到了今天。这就是伊藤洋华堂"业务改革"的本质。

❖ 伊藤洋华堂案例开发者以外的评价

作为外部学术团体评价业务改革的案例之一,我来介绍一下哈佛大学对伊藤洋华堂业务改革的案例研究。

1988年,在哈佛商学院Walter J. Salmon教授和庆应义塾大学商学院古川公成教授的指导下,哈佛商学院David Wylie教授开发研究了伊藤洋华堂的案例,即聚焦于伊藤洋华堂业务改革的案例研究。在案例研究上我虽给予了很大的帮助,但Salmon教授在返回美国前(1988年7月22日)做了以下评论。

"Store-by-store,item-by-item。"即每家店铺、每个单品都是为了获得顾客支持而开展活动。

伊藤洋华堂还试图将工作的乐趣带给包括兼职员工在内的所有员工。这是可以输出到离职率高的美国的工作方法和思维方式。

此外,日本复杂的流通机构,正在努力改善从农田及渔港进货,到店铺里的冰箱,再到顾客口中的整个过程。在服装领域，日本向来都有接受退货的商业习惯。值得称赞的是，伊藤洋华堂正在挑战收购服装。

为了推进分权化，伊藤洋华堂正在使用计算机提高市场营销的准确性。这些活动是微观管理和微观市场营销的实践。

最后，Salmon教授问为什么这种自我改革在其他公司通常会在2—3年内就结束，而在伊藤洋华堂会持续这么长时间。我给出了以下答案："如果季节发生变化，顾客需要的商品和顾客的价值观也会随之发生变化。而且，竞争关系，包括技术、社会、经济在内，没有不变的东西。业务改革追求的是业务经营的本质，无止境的活动才称为业务改革。应对变化和强化基础，以及顾客的创造和维持才是企业活动的本质。"

Salmon教授指出接下来的战略性课题为，对于如何应对耐用消费品等沉重物品，即家电和家具，每一个必需品、时尚商品和新商品的销售方式上，以及各商品单价的单品管理的做法上，有什么有效的方法。

Salmon教授在哈佛大学使用了该案例后，再次来到本公司，反馈了其学员的主要感想。其大意是："美国企业必须采用通过单品管理给员工带来快乐的经营方式，这样才能给员工带来工作上的快乐。"

第 2 章

现场管理

——业务改革的对策事例

第 1 章对伊藤洋华堂的业务改革、业务改革的背景，以及为何现在还在持续开展进行了介绍。在本章，会对伊藤洋华堂（包括集团内子公司 7-ELEVEn 和罗宾逊百货店）的每个店铺和卖场的管理，即现场管理，通过具体事例进行介绍，还会进行实证分析。

关于现场假说与验证，现场信息共享、兼职员工的培养以及商品开发等具体问题，会根据店铺或卖场的实际情况分别进行案例介绍，还会介绍各店铺与总部组织间的业务授权、信息共享、指导，以及横向开展等实际情况。

特别是，① 在与顾客直接接触的门店所进行的实际活动（店长下属的 4 名统括经理和 20 人左右的部门负责人的实际活动）；② 总部商品部门的信息共享化和商品化；③ 强化包括活用兼职员工在内的组织能力和内在竞争力，将这些主题作为重点，同时也会提到伊藤洋华堂现场管理的特征及其意义。

伊藤洋华堂是日本 GMS 中具有代表性的零售商之一，并以其母公司 7&I 控股旗下的日本 7-ELEVEn 而闻名。伊藤洋华堂和 7-ELEVEn·Japan 在各自业态中的财务业绩、市场占有率方面都相对占优势（自 20 世纪 90 年代以来，虽然伊藤洋华堂的销售额持平，且有利润额下滑的趋势，但在整体不景气且经营不善频出的 GMS 行业中，相对来说伊藤洋华堂还算是稳健的）。

因此，对于伊藤洋华堂的经营分析，可以作为零售行业经营管理中的重要案例研究。以此作为背景，社会上已有不少关于伊藤洋华堂和 7-ELEVEn 的学术性、实践性的案例研究和历史研究，学者有小仓正男、绪方知行、国友隆一、矢作敏行、川边信雄、片山修、金显哲、陈海权、小川进、边见敏江等。

然而，现有的研究大多是从企业的角度出发对公司战略、店铺发展、商品开发以及信息系统等进行实证研究，针对单店或卖场的案例研究非常少。如果考虑到普遍认为的两家公司的优势之一是店铺或卖场等销售现场的精细化管理，那么就更应该对销售现场管理进行更详细的实证研究。

在这里，通过业务改革，我有很多机会可以直接观察伊藤洋华堂和日本 7-ELEVEn 各个店铺的现场管理的改善和革新的实际情况，我以经验为基础，来进行具体案例研究及其经营学术的分析。具体来说，第一，我将对在 1982 年开始的"业务改革"中确立的伊藤洋华堂的销售现场管理的框架进行说明。第二，为应对 20 世纪 90 年代市场不稳定性增加（机会损失和降价损失的增加），从 2000 年以后施行了新举措，我会对详细的订货计划和卖场设计、权限转让和信息共享、兼职人才的活用、分区域的 MD，以及商品开发等几项内容进行说明。

1 业务改革下的现场管理

❖ **打造让顾客想买的店铺·精准的选品**

作为零售商，伊藤洋华堂在实践活动中始终优先把"对顾客的重视"放在第一位。也就是说，站在顾客的角度去思考，以优质的服务提供顾客所需的商品，提高店铺的忠诚度，从而提升店铺的销售额和利润。

① 成为顾客想去购物的店铺的前提条件

让顾客"想在这里买"的店铺，就是拥有好的商品、方便购买以及有好的氛围的店铺。具体来说，好的氛围是指店铺干净整洁、店员态度友好，让顾客一进店就能安心。方便购买的店铺是指能让顾客快速地了解到想要的商品的具体位置，并且能够正确引导顾客的店铺，或是有清晰的POP及价格标签，以及有明确的商品价值的店铺。另外，关联商品陈列在近处，以方便购买的店铺也可称为购买方便的店铺。

② 好商品的条件

一言以蔽之，虽说是好商品，但每个商品都不一样。如果是生鲜食品，最好是鲜度好、味道好；如果是相同的两种商品，当然价格便宜会更好；如果是服装，商品的多样性也很重要。例如衬衫，尺码齐全就是好商品的条件。即使有再好的面料和设计，但是如果没有顾客想要的尺码，那么对那个顾客来讲，就等于店铺里什么商品都没放。虽然是自己喜欢的商品，但没有适合自己的尺码，反而会让顾客感到不快。不仅限于衬衫，对于其他许多商品来说，尺寸也是相当重要的。

像这样，每个商品应该重视的点是不一样的。以这些基本事情为基础，选定一定程度的商品、量感等来打造整体品类阵容的魅力。此外，不是总陈列同样的商品，时常给顾客一种新鲜感、不断推出新商品的话，会让顾客产生购物的乐趣。

③ 单品管理和选品的假说与验证

具体来说，什么是好商品，就很难回答了。无论是生鲜食品还是服装，畅销的商品因地区和店铺而异。因此，市场调研是必不可少的。开设新店时，先深入调查该地区的畅销商品以及该地区的消费群体实际使用的商品等信息。根据调查结果，会了解到该地区居住着什么样的顾客，平常使用什么样的东西，面向这些顾客应该销售具有什么特征和个性的商品，另外其商品的生命周期是怎样的，与其他商品的关系如何，以什么样的选品通过哪种方式推荐，才更能被顾客所接受等，都要提前考虑清楚。这就是所谓的假说。

即便如此，也会有没能掌握的领域，况且顾客的需求也在不断变化，因此要在每天的工作中，确认每个商品的动向。将其持续地执行，这才是单品管理，也是验证假说中必不可少的活动。围绕为何要陈列该商品、如何销售该商品以及选品理由等想法，仔细观察每天的商品动向。

④ 总部与店铺的信息共享

1982年组织改革的总部（商品部门等）与店铺之间的信息系统，如图2-1所示。店铺组织为，相当于店长的店铺经理（SM）下的统括经理、主管经理、负责人和合伙伙伴的层级结构。对此，总公司销售部门的大区经理（ZM）向店铺经理传达并指导公司的方针政策。另外，商品采购部的采购人员（BY）和督导（SV）向店铺的各层级管理者提供信息的流程。

建立选品理念的假说是店铺主管经理的责任。主管经理以"该地区的顾客需求的话，这种商品应该会大卖"和"这个商品在这个时期有这样的动向"的坚定想法，指导订货负责人的订货方向。为了巩固店铺经理的想法，SM及统括经理就该地区的信息进行讨论，提高假说的精准性。

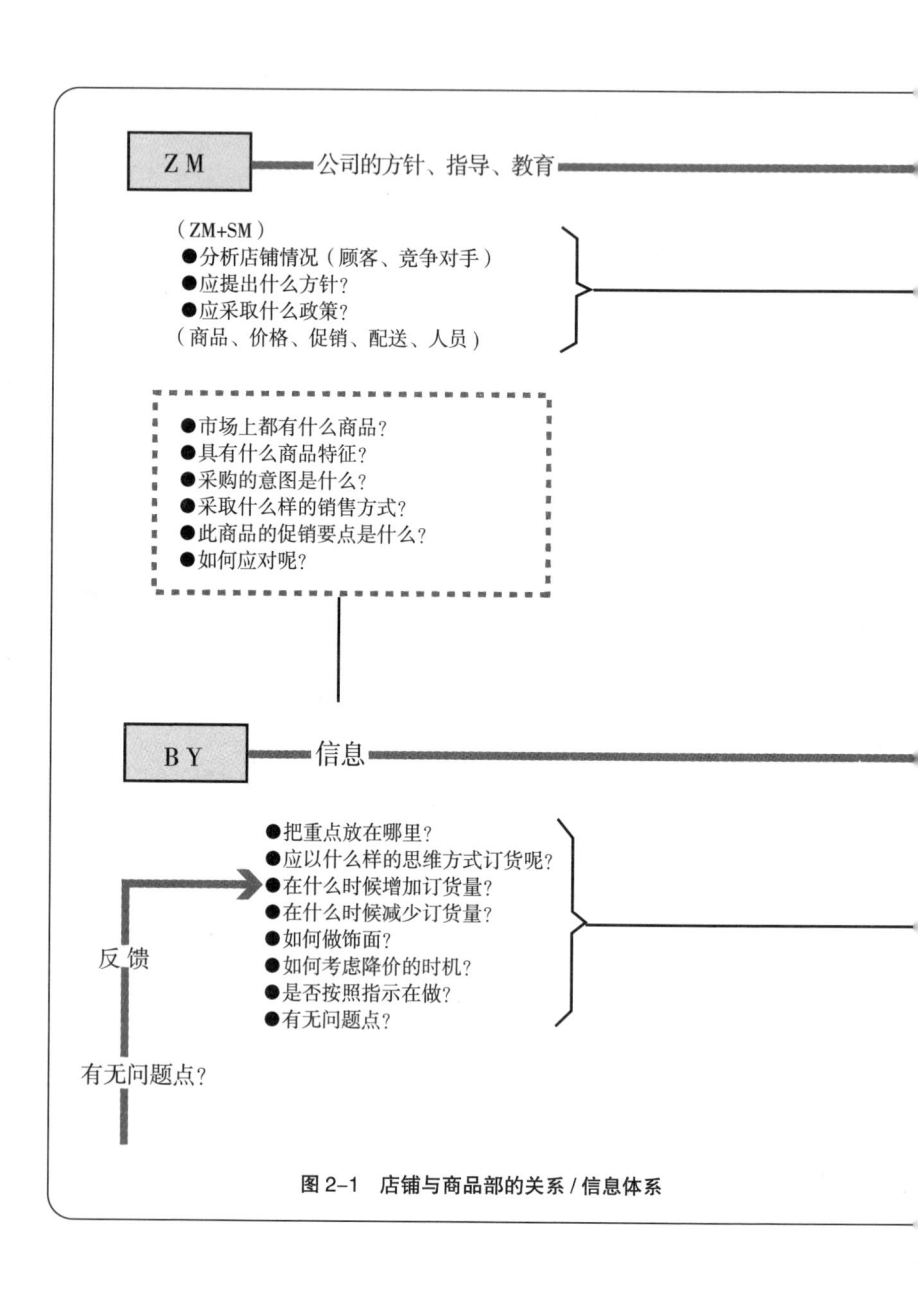

```
┌─ ZM ─── 公司的方针、指导、教育 ───────
│
│  (ZM+SM)
│  ●分析店铺情况（顾客、竞争对手）
│  ●应提出什么方针？
│  ●应采取什么政策？
│  （商品、价格、促销、配送、人员）
│
│  ┌─ ─ ─ ─ ─ ─ ─ ─ ─ ─ ─ ─ ─ ─ ─┐
│  │●市场上都有什么商品？          │
│  │●具有什么商品特征？            │
│  │●采购的意图是什么？            │
│  │●采取什么样的销售方式？        │
│  │●此商品的促销要点是什么？      │
│  │●如何应对呢？                  │
│  └─ ─ ─ ─ ─ ─ ─ ─ ─ ─ ─ ─ ─ ─ ─┘
│
│  ─ BY ──── 信息 ──────────────
│
│       ●把重点放在哪里？
│       ●应以什么样的思维方式订货呢？
反馈 →  ●在什么时候增加订货量？
│       ●在什么时候减少订货量？
│       ●如何做饰面？
│       ●如何考虑降价的时机？
│       ●是否按照指示在做？
│       ●有无问题点？
│
有无问题点？
```

图 2-1　店铺与商品部的关系／信息体系

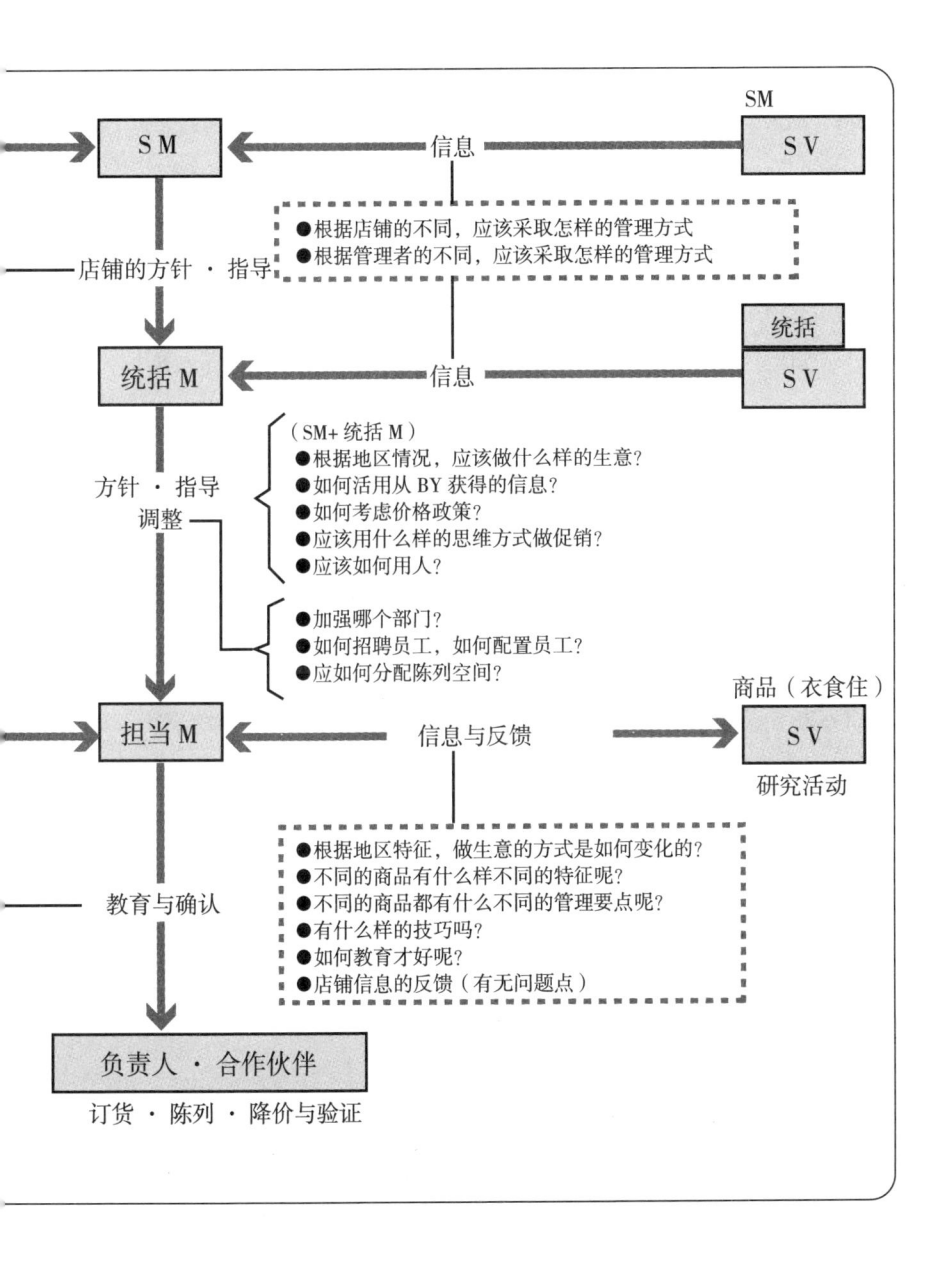

第2章 | 现场管理——业务改革的对策事例

```
                                                                    SM
    ──▶ SM ◀────────── 信息 ──────────── SV

            ┌┄┄┄┄┄┄┄┄┄┄┄┄┄┄┄┄┄┄┄┄┄┄┄┄┄┄┄┄┄┄┄┄┐
            ┆ ●根据店铺的不同，应该采取怎样的管理方式 ┆
    店铺的方针·指导 ●根据管理者的不同，应该采取怎样的管理方式 ┆
            └┄┄┄┄┄┄┄┄┄┄┄┄┄┄┄┄┄┄┄┄┄┄┄┄┄┄┄┄┄┄┄┄┘
       ▼                                                          统括
    统括 M ◀────────── 信息 ──────────── SV

              ┌（SM+统括 M）
              │ ●根据地区情况，应该做什么样的生意？
   方针·指导   │ ●如何活用从 BY 获得的信息？
       调整   ┤ ●如何考虑价格政策？
              │ ●应该用什么样的思维方式做促销？
              └ ●应该如何用人？

              ┌ ●加强哪个部门？
              │ ●如何招聘员工，如何配置员工？
              └ ●应如何分配陈列空间？
       ▼                                              商品（衣食住）
    ──▶ 担当 M ◀────── 信息与反馈 ──────────▶ SV
                                                       研究活动

            ┌┄┄┄┄┄┄┄┄┄┄┄┄┄┄┄┄┄┄┄┄┄┄┄┄┄┄┄┄┄┄┄┄┄┄┐
            ┆ ●根据地区特征，做生意的方式是如何变化的？ ┆
   教育与确认 ┆ ●不同的商品有什么样不同的特征呢？        ┆
            ┆ ●不同的商品都有什么不同的管理要点呢？     ┆
            ┆ ●有什么样的技巧吗？                    ┆
            ┆ ●如何教育才好呢？                      ┆
            ┆ ●店铺信息的反馈（有无问题点）           ┆
            └┄┄┄┄┄┄┄┄┄┄┄┄┄┄┄┄┄┄┄┄┄┄┄┄┄┄┄┄┄┄┄┄┄┄┘
       ▼
    负责人·合作伙伴
    订货·陈列·降价与验证
```

063

从总部的采购人员和督导那里获取商品特性的相关信息。SM、统括经理、采购人员、督导必须不断地研究商品和区域市场，并积累和保留这些信息。另一方面，店铺的卖场负责人与店铺负责人进行协商并谋求信息的共享化，跟进店铺实际的销售动向并调整订货，重新打造卖场。

如上所述，总部和店铺的经理为了让店铺的卖场负责人更轻松地工作，创造良好的销售条件、提供必要的信息，并在此基础上根据店铺需要提供相应的建议，之后授权给卖场负责人进行判断。

为了让负责人能够独立工作，公司提供判断与决策所需的商品部信息，为了让店铺负责人能够顺利开展他们想做的事情而不断完善机制，是对于店铺负责人的业务改革，是对单品管理的权限转让。

为此，来自店铺经理、统括经理，或总部商品部、员工的信息及指导，教育和协调非常重要。权限转让当然不是指所有的事情都由总部来决定，但也绝不是把所有的权限都交给店铺。

❖ 将蔬果的定价权转让给店铺

基于上述情况，伊藤洋华堂自1988年以来，店铺蔬果的售价由店铺来设定。其目的是立即响应各区域顾客的需求和环境的变化。为更有效地实现响应效果，总部将定价权转交给了店铺。其思路如下。

一直以来，在很多连锁店里，采购人员拥有商品定价权，其思路是保持一定的加价率［是体现商品利润率的指标，是销售价格和采购价格之间差额的比率，加价率（％）＝（售价－采购价）÷售价×100%］。例如，根据黄瓜的加价率为28%、圆白菜的加价率为25%的标准，确定售价。但这种方法，特别是蔬果等易受市场价格波动影响的商品，市场价格上涨时，售价也会上涨。这样一来，跟蔬果店等竞争店铺相比售价可能会高，会给顾客留下高价店铺的印象。有竞争力的价格因店铺而异，因此由每家店铺自行判断并设定售价比较妥当。

店铺定价时，首先要考虑顾客的心理。具体来说，有以下几点。

① 明确优先事项

首先，以蔬果为代表的生鲜产品，先根据味道、鲜度、价格、品类进行判断。即使价格再便宜，如果质量不好，也不会有人买。

② 价格弹性的分析

其次，对即使改变价格，销量也没有变化的商品进行降价是徒劳的。也就是说，必须掌握价格的弹性，价格会受到季节、天气等因素的影响。以西红柿为例，需求量大的7—8月和需求量低的1—2月，价格弹性也不同。在价格弹性较低的时期降价，销量也不会增加，只会造成不必要的降价损失。

③ 对竞争企业的分析

有必要掌握当市场价格低或高时，竞争企业的定价情况。当市场价格上涨时，定价就显得尤为重要。当市场价格低时，即使定价再便宜，销售额也不会变，因为顾客不会察觉到。相反，在市场价格不变的情况下，追求商品的鲜度和口感，通过A级商品和B级商品的一起销售来宣传其品质，效果会更好。但是并非所有单品的市场价格每天都在发生变化，因此需要根据商品部的信息，及时应对并掌握市场价格可能发生变化的商品。

④ 商品之间的关联性

在以上所述的基础上，掌握好每个商品的关联性，损失就会进一步减少。譬如圆白菜涨价时，可以用什么其他商品代替呢？或者萝卜价格下跌时，有什么商品可以一起搭配去销售呢？

考虑了这些问题后，店铺自主地决定商品的售价。由于采购员不了解竞争对手的定价和各地区顾客的反馈，因此由每家店铺进行应对会更加有效。

❖ 销售决策权的权限转让

但是,千万不能忘记,各个店铺所负责的不仅仅是商品的定价。如果弄错这一点,只关注商品定价的话,就会忽略毛利的计算。从选品到销售方法、订货、降价、分工,所有这些工作都要交给店铺,而定价只是其中的一个。

包括人员配备和评估、卖场布局、销售方法、促销和设备的采购等销售相关的决策,都应该由店铺来做。因为往往只有各个店铺才熟悉这些内容,而且店铺如果不做决策,就无法承担相应的责任。

当然,店铺是根据总部提供的信息来支持自己的决策。这时,总部采购人员应起到督导作用。例如,采购人员提供给卖场市场信息、已采购商品的特征、作为采购依据的假说、销售方法和存储方法的建议、市场趋势、市场价格与商品之间的关联性等信息。比如,从今年各地区的气候条件来看,"这个时期这个产地的葡萄又甜又好吃,采购人员试着采购了一批。所以,希望通过POP明确地展示并销售。"要考虑刚上市的初期和应季时期的折扣问题等诸如此类的信息。虽然如此,但是店铺不能只依赖总部提供的信息，现场要给总部提供顾客的需求、期待和不满等现场特有的信息，或者基于这些实行单品管理的假说和验证的循环，提高信息的精准化，为此要积累更多的专业技能和经验。这样，在参考商品部门提供的信息的同时，根据自身店铺的竞争店铺和顾客的特征，灵活地进行订货和陈列。

另一方面，店铺经理和统括经理向主管经理传授将商品部门信息与地区信息相结合的灵活运用的技术，然后把店铺交给已经具备这些能力的主管经理就可以了，但如果发现有薄弱的部分，就需要进行专项指导。此外，店铺本以为卖得很好而下了订单，商品却没有按照预定的日期到货等，解决此类问题也是总部、店铺经理、统括经理的重要职责。

另外，店铺无论怎样都要持有理念，主动开展业务。如果从现阶段来看店铺有失去主动性的地方，就要不拘泥于过去及现阶段的做法，而应积极地提出建议。具体来说，负责人应积极向店铺经理和统括经理提出建议，而店铺经理、统括经理也要有意识地倾听这些声音。店铺经理和统括经理在每周的会议和各科的会议上，要互相确认是否有同样的问题发生，接下来再收集每个店铺的数据，如果仍存在问题，就向商品部门进行提案。

❖ 将预算权限给店铺

伊藤洋华堂，从 1988 年开始就让各店铺设定预算。在那之前，预算是作为必须达成的强目标中的一部分。因此，为了获得良好的评价，会出现将预算设定得较低的情况。为了消除这种不利影响，并发挥预算的原有功能，伊藤洋华堂决定将预算权限下放给店铺。

① 店铺的自主性和预见·预算

预算本质上体现的是店长意愿的量化。譬如"今年的经营环境越来越严峻，为了克服困难增加利润，采取这样的方法吧"，或者"环境越来越好，采取这样的方法，利润可能会进一步增长。为此，把毛利设定成这个数，促销费和人工费的权重应这样定，成本控制在这个范围内，就能保证这么多的利润"。将这些想法具体化就是店铺的预算。实践中的销售方法是基于店铺对顾客和竞争对手的预测。

当然，预算及影响到预算的事由，各店铺之间完全不同。总部不能用统一的预算进行约束。即使总部下令一律提高百分之几的预算，也无法体现出单店的实际情况。预算不太可能低于上一年的实际成绩。无论环境多么恶劣，都要克服困难，并提高销售量和利润，这就是"生意"。虽然偶尔会出现预算低于前一年的情况，但其理由和讨论的深度是个重要的问题。虽面临预算比前一年低的困境时，由于店铺的选址、规模、竞争环境都不一样，如何克服这些困难逆势而上，并提高百分之几的预算，完全取决于每个店铺管理者的意愿。

② 逐步移交预算的权限

让每家店铺自主制定预算是一种全新的尝试，这自然会伴随着重重困难。因此，在执行时要分阶段进行。首先，伊藤洋华堂向总部提出并制作在店铺想开展的事项的一个简单的模板。但是，重要的不是让店长用文字和数字来填写表格，而是让店长深入思考如何应对自家店铺所处的环境变化以及各个卖场的生意思维。此时，店铺经理和统括经理的角色变得十分重要。首先，必须将相关信息适当地传达主管经理，并传授由此信息判断得出的基本思想。

店铺经理、统括经理在每周的 SM 会议和统括经理会议上学习这些基本思想。在那里，学习基本思想并通过案例交换信息。基本思想是，① 在竞争激烈的环境下做生意的方法，② 关于用人时的思维方式，③ 价格政策的思维方式等。这个基本思想与单品管理直接挂钩，并以此为基础，体现自己独特的想法。

这种权限移交不仅能让他们感受到工作的价值，还能提高他们工作的积极性,同时要求他们理解自己在组织中应当发挥的作用,并努力完成。

在业务改革开始数年后的 20 世纪 80 年代后期,其改革逐渐显现出大规模成果。乘着经济形式的顺风,店铺整体的业绩也上升了。此时伊藤洋华堂认为应该继续销售更有价值的商品,提升店铺的形象,赢得顾客对店铺的忠诚度,也就是有必要根据明确的意识进行商业实践。

2 应对20世纪90年代以后的变化

❖ 不确定性的增加与机会损失、降价损失

伊藤洋华堂自1982年业务改革开始以来,在削减商品库存的效果和泡沫经济的支撑下,销售额得到提升,经营业绩也得到了一时性增长。

然而,进入20世纪90年代后情况发生了变化。与此同时,机会损失和降价损失都在增加,新的假设和检验变得十分有必要。那么到底发生了什么变化呢?

看一下2000年的女装案例。

① 女装案例:出现季初的机会损失

观察女装的销售趋势,可以看出在季初容易出现机会损失,而在季末容易出现降价损失。这是其他很多商品也同样存在的机会损失和降价损失的特征。卖方市场的商品生命周期是,销量逐渐提高,然后达到最畅销的峰值期,最后缓慢降下来的"富士山型"(正规分布型)。另外,顾客倾向于将购买

重点放在价格较低的季末。

但是从20世纪90年代开始,新商品的时尚性不断受到重视,新商品发售后立马卖出很多,但之后就渐渐卖不出去了,这就是所谓"茶筒型"的销售额图表中所表现出来的商品生命周期,而且这种生命周期的商品越来越多。因此,需要在季初对这种商品进行重点销售。

但是,过去由于在季初没有持有充分的库存量,畅销商品出现缺货,往往导致机会损失。此外,当增产畅销商品时,顾客已经在关注下一个新商品,因此增产的商品就会产生降价损失。

例如,从伊藤洋华堂在首都圈各店铺2000年2月第2周的情况可以看出,在各店服装业务部的冬装、春装的库存构成比中,春装构成比越高的店铺,其销售额有越高的倾向。从季初开始持有春装库存,向顾客提前宣传的店铺,避免了机会损失并增加了店铺整体的销售额。

② 对卖场魅力的正面影响

此时,持有春季商品库存并大力宣传春季商品的店铺中,冬季商品是否卖得好呢?答案是当然卖得很好。春季商品储备越多,冬季商品的库存天数就越少,周转得就越顺畅。理由是,店铺在提供领先于季度的具有新鲜感的春季商品，而提高了整个卖场的魅力，客流随之增加，冬季商品也卖得很好。

一直以来，伊藤洋华堂的很多店铺都采取的订货方式是扎根于过去经验的，即拘泥于生命周期的传统方式。结果，与顾客的需求之间产生了偏差，同时造成了巨大的机会损失和降价损失。关于需求快速上升的时尚感强的新商品，店铺在季初时应该积极持有库存、积极销售，这样更有可能减少机会损失和降价损失。

❖ 商品、订货、销售和卖场规划的精细化

综上所述，随着商品生命周期的日益缩短，为了及时响应顾客的需求变化，并开展选品和卖场设计，必须提前准备好接下来要推出的商品。这时，周密的市场调研和大胆的假说就显得尤为重要。

① 以中华冷面为例：大胆假说、精确地验证

2000年2月底，7-ELEVEn向店铺推荐了被认为是夏季商品的中华冷面。东京3月时的早晚温差较大。观察上旬的气温，还会发现有急剧升温的日子。在这种天气下，不管实际气温是多少，体感温度都会上升。7-ELEVEn抓住了顾客的这种

心理，2月底给店铺大力推荐了中华冷面。

为提出这种大胆的假设，必须做到周密的市场调研和进行验证。7-ELEVEn 在提出假设前，制定了详细的商品开发日程计划。例如，7-ELEVEn 从 1999 年 10 月开始，就对人气店等开展市场调研，在 12 月进行专业厨师的培训和举办试吃会等，1月开展董事试吃会等，制定出了详细的商品开发日程安排。MD 负责人对其负责的所有商品制定 1 年的计划，按每季度进行修正，推进商品的开发。

关于这个时期开发的"迷你中华冷面"，在 2000 年时也对面条的筋道进行了关注。面的弹性和硬度以客观数据表示，通过试吃每一家人气店面条，进行市场调研。结果，大大改善了中华冷面的筋道。此外，对中华冷面的汤料和配料等也进行了相同的市场调研，反复举行了 30 次以上的品鉴会，实现了 2 月底的发售。

不论是在商品部还是在店铺层面，应对变化导入新商品时，作为基本的零售计划是必不可少的。对可预想的变化，提前制定好相应的应对策略。因有了这样的计划，才能及时应对顾客需求的变化。

② 安城店鲜鱼部门的案例

接下来，让我们来看看伊藤洋华堂安城店鲜鱼部门，根据销售计划对卖场进行了精细的调整，最后取得了显著成果的案例。首先，安城店鲜鱼部门案例的特点是，先给订货负责人提供信息，通过协商灵活地改变了原本死板的订货计划。为此，要重视订货会议的信息共享。

其次，为了实现计划，重视工作分配。在安城店，上午对预测需要的商品进行备货，在开店前准备完毕。为此，将工作进行倒推，从前一天的午后开始，进行生鱼片等配菜的事前准备和处理。每一天每个人的工作分配都很明确，要确保把共享信息和变更卖场的时间也包括在内。此外，订货会议结束后的下午，主管经理还要确认实施计划的进度，观察卖场销售情况的变化，并下达指示。

根据这样的指示进行灵活的工作分配。例如，有人负责切开沙丁鱼，有人负责削皮，有人负责切好后装盘，每个人的工作都能高效、快速地进行。从下午 3 点的卖场来看，热销的生鱼片和盒装干鱼都按照计划扩大了卖场。

安城店鲜鱼部门制定了为确保毛利的周密计划。特别是傍晚以后，不轻易对商品进行降价处理，而是将可能出现损耗的商品下架，通过不辞辛苦地加工和重新搭配，创造顾客想要的商品。由此抑制了降价，所以确保了毛利。这样的创意和方案，通过订货会议逐渐被渗透到卖场的全体员工中。

安城店不仅有单品数量计划，还包括信息共享、工作分配的执行计划在内的整体销售计划。正因为制定了周密的时间计划，店铺才有可能根据顾客的需求，经营好卖场。

另外，可以将安城店的案例介绍给同一地区的生鲜经理，让他们实际参观安城店的食品卖场，进行横向开展。此外，在安城店负责服装和家居的经理也用一整天的时间到生鲜卖场等处进行学习，努力改变自己的工作方式，从店铺整体的角度出发，为打造更灵活的卖场而跨越部门的界限。

❖ MD 差异化

接下来，我们来看一下通过与竞争对手不同的大胆假说，发挥店铺独特性的案例。

① 罗宾逊百货店服装部门的案例

在全国百货店业绩持续低迷的情况下，伊藤洋华堂旗下的罗宾逊百货店的销售额从 2001 年 8 月到 2002 年，持续超过了前一年。在这期间，罗宾逊百货店通过商品采购部门、销售部门、促销部门的信息共享，发挥了 MD 的独特性。

也就是说，该百货店的服装部门几乎每天都在召开信息共享会，以资深采购员为中心的所有采购人员，围绕这个月应该销售什么进行彻底的探讨。其中，2001年8月，女装部门对冬装做了一个试探性的假说，"今年有暖冬的趋势，不能一味着眼于防寒冬装。从各种信息来看，特别是羊毛大衣不会卖得很好。"

因此，百货店决定对羊毛大衣不去深追，取而代之将夹克作为重点，制定前一年两倍以上的销售计划，对往年的商品结构进行了重大调整。另外，考虑到夹克穿搭，将毛衣和裙子也设定为主力商品，让采购人员倾注全力开展早期工作。男装部门也搜集女装的信息，以套头衫、毛衣和长裤为主，明确了罗宾逊百货店要销售的商品。

在采购商品之前，所有采购人员确认商品并进行讨论，在外部显示器上确认尺寸大小和舒适度，从而决定最终的采购。此外，各资深采购员还与采购方在店铺之间共享信息，跟卖场负责人探讨了各种商品的推广方法。

到2002年9月，再次进行了市场调研，发现竞争对手也没在羊毛大衣方面投入太多的精力。对此，该百货商店在前面提到的信息共享会议上得出"其他公司也没有销售羊毛大衣。但是，羊毛大衣的市场不可能完全没有。那反过来我们销售羊毛大衣吧"的结论，并大幅度修改了MD的方向。

话虽如此，如果销售跟前一年同样的商品，会卖不出去。

于是，运用收集到的顶级品牌等信息，将白色羊毛大衣的销售目标设定为前一年的 10 倍以上。结果，女装中，夹克衫的销售额同比增长了 120%，羊毛大衣的销售额同比增长了 160%，关联商品群的所有销售额全部增长，进而带动了整体销售额。

② 罗宾逊百货店和家居部门的案例

在同一家罗宾逊百货店经营家居用品、日用品、床上用品等的家居部门，过去只是听取批发商和制造商的意见后就直接订货，而现在已经构建出了全新的独自的 MD 体制。

比如毛巾毯，将顾客的使用场景考虑在内，生产毛巾、浴巾、入浴剂、竹炭等组合商品。结果毛巾毯的销量超过了 NB 商品（National Brand，以下简称"NB 商品"）的纪录。在餐具方面，从专业杂志的编辑那里获取相关信息，甚至深入窑厂，开发属于自己的商品。

这样的举措大幅削减了成本。而这些举措不仅限于家居部门，还扩展到了其他部门，在 2002 年度（2003 年 2 月结算）实现了两位数的销售额增长。

如上所述，罗宾逊百货店以采购部和销售部为首，全体员工以共享信息为基本原则，不拘泥于固定的概念，通过挑战全新的 MD，摆脱了去年方针的沿袭和竞争对手的模仿，通过差异化提高了业绩。

③ 7-ELEVEn 年底商品开发案例

7-ELEVEn 礼品的销售额每年都在显著增长。年底的销售额以每年 20% 以上的速度在持续增长。在 7-ELEVEn，负责礼品的 MD 人员，从商品开发到促销，再到礼品中心的系统、物流等方方面面，都是由一个人来负责的。

从近几年的市场趋势来看，通过早鸟价折扣和特选卡等，体现在价格上的实惠感。因此，7-ELEVEn 着眼于不被卷入价格竞争的差异化商品，原则上不进行打折，聚焦单品，只推荐优质的商品。

在 2001 年，就制定了 2002 年底同比增长 130% 的计划。从选品的角度，7-ELEVEn 决定导入高品质的原创商品、高评价的味道、知名品牌商品、新品类的商品，以及区域性商品。

收集信息对于导入此类高质量商品和新商品来说非常重要。礼品 MD 负责人员，不从现有的制造商或批发商那里收集信息，而是从商品部门以外的其他部门或店铺，甚至从厨师及伊藤洋华堂集团等收集各方面的信息。他们还利用杂志、互联网来确认信息的可靠性，并严选有价值的信息。

例如，在决定 250 个中元节和年终商品时，至少要试吃 400 到 600 个单品才能选出好的商品。通过试吃会，判断出具有价值的商品，然后礼品 MD 负责人员会立即拜访该商品的制造商。礼品MD负责人员，一年52周中有大约一半的时间都在出差，与各大制造商的高层管理人员进行直接的对话，但越是好的厂商，越可能跟百货店已有合作关系，所以以不能大量生产为理由被拒绝的情况较多。尽管如此，基于从众多商品中反复严格挑选出来的这一事实，经过与厂商反复及耐心的对话，使其理解7-ELEVEn选品的宗旨后，实现了商品化。

通过这种方式开拓了新的合作伙伴，或者说，与制造商协作搭建了团队MD，开发自有商品。其中，7-ELEVEn重点推荐给顾客的商品，会在商品展销会和FC（全体督导）会议上进行试吃。

另外，以前的商品目录是按商品分类记载的，现在更改为按价格记载。"顾客的选择将从预算开始"，这是站在顾客的视角所下的功夫。

关于礼品，来自顾客的咨询当中的四分之一是确认礼品是否已经到达收货地址，所以7-ELEVEn在业内首次实施了使用互联网和i-mode的配送信息查询服务，结果上述的咨询就下降了约80%。关于订货情况，通过互联网，跟厂商、供应商进行实时的数据共享，提高了厂商的订单预测的精准度。我们已经建立了一套系统，用店铺收银台的机器扫描礼品就可以立即查询其库存状态。

7-ELEVEn 年底礼品的销售额，2002 年实现了 20% 的增长。销量最高的商品是售价 3000 日元的鹿儿岛产的炸鱼肉饼。虽然炸鱼肉饼是随处可见的商品，但如上所述，7-ELEVEn 所销售的是经过精心挑选的最好味道的炸鱼肉饼。这一年 7-ELEVEn 还开发了 5000 日元的商品，销售额排名为第 18 位。可以说，7-ELEVEn 礼品，抓住了顾客的心理，通过用心做好每一项工作，将商品部门和销售部门融为一体，实现了差异化。

❖ 兼职员工也参与进来的商品开发和卖场打造

自 2000 年以来，在许多行业中，为了灵活应对销售量和生产量的波动，包括兼职员工（在伊藤洋华堂被称为"合伙人员工"）在内的非正式员工的占比大幅增加。然而，另一方面，优秀的日本企业的共同优势，仍然是通过向现场的权限转移，让全员参与到改善活动中。在非正式员工比例越来越高的情况下，为了发挥这一优势，总部有必要果断地向他们下放权力。

① 伊藤洋华堂仙间台店（埼玉县越谷市）案例

伊藤洋华堂仙间台店的熟食部在 2001 年 9 月实施了全体

员工兼职化后，店铺的销售额实现了大幅增长。

在实施全体员工兼职化的过程中，商品部、教练部、卖场活性化负责人与店铺一致协作，按天和按星期进行必要的人员分配，开展新的兼职员工的招聘和培训。

以前，因傍晚的人员不足，导致了很大的机会损失。因此，将在工作日下午 4 点以后的兼职员工从 3 人增加为 6—7 人。另外，基于兼职员工对商品总是一成不变的反馈，进行了新菜品的提案，开发了比炸猪排更便宜的火腿炸排，缩小容量的便宜套餐等新商品。关于盖饭，也积极推出了小容量的迷你商品，提高了销售额。另外，还设立了顾客自己决定购买量的销售专柜。

在仙间台店，所有的兼职员工一边商量，一边打造自己想购买的商品和卖场。可以说，他们站在顾客的角度思考，共享大家的智慧和信息并推陈出新，从而实现了超越规模和经验的效果。

② 让兼职员工也参与的店铺管理——伊藤洋华堂广畑店（兵库县姬路市）案例

在新时代的店铺管理中，包括兼职员工在内的信息共享是很重要的。我们一同看一下伊藤洋华堂广畑店的管理案例。

2002 年 7 月的第 3 周，在店长会议上，公司下达了"将毛利的意识贯彻到店铺的每个负责人"的指示。广畑店的店长用传真的方式，将指示的内容快速传达给了店铺。然后，店长与统括经理进行了旨在让所有兼职员工彻底执行这一方针政策的洽谈。

首先，根据每个业务部门制定的月度计划，重新制定每个订货负责人的新计划。每个人都设定了毛利额目标，并让他们思考为实现该目标应采取什么样的活动。7月的最后一周，男装部设定了同比增加130%的毛利目标。于是，大量采购了初秋商品，并提前投入市场，同时进行了搭配提案。每天确认业绩，并随时跟进。也就是说，将赚取利润额、强化待客服务的方针，扩展到作业分配和流程进度上。结果，这一周男装部的利润比同期增长了180%。

在其他部门也是如此，用什么商品赚取多少毛利额，为此采取怎样的销售方法，全体员工都下了功夫。家居和食品部门也同样进行了一些活动。譬如，在家居部门，在无法从招牌商品中获得毛利的情况下，通过灵活地应对，大力推出新商品和话题商品，打造了专区整体毛利额的卖场。食品部门也扩大了新商品的陈列空间，采取吸引顾客的陈列方式，并积极销售加价率高的地区商品等。蔬果部门，通过A等级和B等级商品的同时销售及对口味的极致追求，在获取毛利上下了一番功夫。

店长还与商品部门彻底共享信息，每周向商品部门提出有关招牌商品的需求，直接讨论，双方达成一致后再决定。与此同时，店长必须向商品部反馈招牌商品的销售结果。

就这样，在广畑店，兼职员工和商品部门彻底共享信息，迅速执行了方针政策。要想彻底贯彻价值诉求，就需要抓住顾客的需求、制定详细的计划，在包括兼职员工在内的所有员工都团结一致的体制下，改变工作方式。

③ 打造以兼职员工为主体的卖场——伊藤洋华堂川越店鲜鱼部案例

伊藤洋华堂的川越店于2002年7月底进行了改装。这个鲜鱼部门的销售额在全公司中排名第170位的小型店铺，只有一名正式员工，其他的都是兼职员工。在全公司的鲜鱼部都处于低迷的状态下，川越店自改装以来到2003年6月止，销售额和毛利都保持了两位数的增长。为什么川越店能达成这么好的业绩呢？

以前，由于该地区没有海，所以店铺认为近海鱼卖不出去，但还是将销售目标设定为同比增长130%以上，开始销售早晨刚捕捞上来的鲜鱼。但是，光摆出来是卖不出去的，所以决定在卖场安排人员，为顾客提供细致的服务。

店铺负责人为向顾客传达鲜鱼的美味，反复进行试吃销售，并且不断思考每一位顾客的需求。负责人一定会询问顾客想怎么吃鱼，并提供相应的烹饪服务。在分量方面，经常根据顾客的需求进行灵活应对。负责人在5米以外的卖场观察顾客，并向他们吆喝。此外，全体员工都非常注重周到细致的服务。就是这样一个个小小的积累，才促成了销售额的增加。

川越店注重新鲜度，所以在各种各样的销售方法上下功夫，不断地精益求精。例如，关于黄尾鱼的陈列，将冰块铺在下面，在冰块的上面放上一层薄塑料布，最后将黄尾鱼铺在最上面进行裸卖。为了防止鱼的鲜度与外观的劣化，不使用淡水冰块，而使用盐水冰块。使用山白竹陈列鲢鱼，因为竹叶既卫生、不伤鱼，又能保鲜。销售竹荚鱼和秋刀鱼时，也同时出售鱼丸和盐烤用的鱼肠。在菜单提案和试吃销售方面，负责人之间会进行讨论，每天都调整上架的商品，打造出令人百看不厌的卖场。

在这种踏踏实实的努力下，2003年12月近海鱼的销售额同比增长150%，位居全公司第2名，鲜鱼部门跃居全公司第1。新价值不存在于过去的常识范畴中，而在于可以创造出顾客想购买的商品和服务。

❖ 确立按店铺和按地区的 MD

接下来，考察一下按照单店铺和地区进行的更为精细的 MD。

为了大力销售新商品和有价值的商品，确保足够的陈列空间，最优先要做的事情就是排除滞销商品。但是，显然导致滞销商品产生的因素，每个店铺都不一样。因此，需要每个店铺都制定详细的 MD 计划、销售和采购计划以及卖场设计等。

① 伊藤洋华堂广畑店（兵库县姬路市）案例

伊藤洋华堂广畑店参考其他店铺的信息，灵活地排除滞销商品、改变销售方式。

制定计划时要始终考虑主题的连续性，然后制定出未来 5 周的精细化计划。店长每周向商品部就招牌商品的需求进行直接对话，双方达成一致意见后再做决定。届时，就已经达成一致意见的招牌商品的销售结果，向商品部进行反馈。

以这些为基础制定月度计划，再以月计划为基础制定周计划，店长和总经理，以及总经理和主管经理对计划进行详细地商讨，包括如何赚取整体的利润以及展示的方法。另外，对跨事业部的关联销售计划，总经理之间每周进行讨论和立案。经过反复的假说与验证，广畑店的销售额开始逐渐上升，利润也随之增加了。

就这样，伊藤洋华堂广畑店确立了独自的MD模式，致力于站在顾客立场上的差异化。采购有价值的商品、打造对顾客来说有魅力的卖场、进行搭配提案等，都成为差异化的重要因素。而且，以排除滞销商品为出发点，成功地横跨部门凝聚了全店员工的力量。从店铺整体出发、持有跨部门视角，不仅考虑效率还思考销售额，实现了整体店铺的一体化，为店铺带来了持续的成长。

在国内市场进入低增长期且竞争加剧的时代，为了打造自主性的新卖场和新商品，推出从顾客的视角出发的政策，全体员工团结一致，不断进行假说和验证。这样才能实现差异化，提高顾客对店铺的忠诚度。上述广畑店的案例，可以说是对伊藤洋华堂的这种新理念的积极尝试的案例。

② 按地区的精细化MD

对比伊藤洋华堂食品业务部的首都圈和外地店铺的坪效、加价率，会发现外地店铺的坪效和毛利率偏低。这可能是因为以东京为中心的MD的思考方式。全国统一经营的连锁店的想法已经行不通了。掌握地区的需求以及如何突出地域特性变得尤为重要。

为应对商品生命周期的缩短，必须不断推出新商品，为此需要按地区进行细致的探讨和周密的规划。在商品开发上，7-ELEVEn会首先进行数据分析和商品营销，为每个单品制定20周计划。

③ 地区进行商品营销的案例——鳗鱼酱汁

7-ELEVEn在2000年丑日发售的鳗鱼便当，各地区的销量差异较大。尤其是九州地区的单店销售额在全日本14个地区中最低。这时，九州地区的督导向商品部提出"鳗鱼便当的酱汁味道不适合当地市场"的意见。

于是，负责原材料的MD负责人K先生，委托组建专业团队的厂商，按地区对人气店铺的酱汁进行调查。结果发现，九州地区的酱汁带有浓郁的甜味和酱油味，与首都圈完全不同。因此，7-ELEVEn立即调整了酱汁，并且与销售进行联动，积极展开了酱汁口味变更的告知及试吃活动等。次年，由于生产工艺的改良，在其他区域也有所增长的情况下，九州地区的销售额跃居全国第2位。

④ 按地区的MD的案例——荞麦面

基于鳗鱼酱汁的验证，7-ELEVEn从2002年开始对各种调味料进行了市场调研。停止统一的荞麦面蘸料，为生产出符合当地口味的蘸料，对各地的区域性和特色口味进行了调查。委托全国7家调味料厂商，让其对180多家人气店铺的荞麦面蘸料进行调查和理化学分析,并将味道数值化。结果发现,根据地区的不同,蘸料的口味确有很大的不同。

上述所有这些信息,都被分享在7-ELEVEn和六家厂商的市场营销·MD会议上。除了蘸料之外,对面条和配料等也进行了彻底的MD,根据这些信息决定商品的概念,并开始生产样品。关于面条,在2001年,甚至踏入制面机器领域,成功制作出了不容易粘连在一起的优质面条。最近开发的不粘连蘸料也是对此尝试的结果之一。

关于蘸料,在改变成符合当地口味的同时,为了追求更好的味道,7-ELEVEn对制作方法和物流也重新进行了调整。之前调味料是从首都圈的某一个地方配送到全国,现在改为从全国7个地方提供调味料的供应体制。结果,大幅缩短了运输时间,需杀菌保存的蘸料的加热时间也从原来的15分钟缩短至1分钟,成功减少了因加热的时间过长而导致的蘸料劣化。另外,通过降低长途物流费用等,成功削减了成本。

样品制作完成后,先由厨师和部门内的全体MD负责人进行试吃,然后在执行董事的试吃会上得出商品评价。为了获得更加客观的商品评价,进行了各种各样的过滤,由100多人进行了试吃。经过这些流程开发出来的荞麦面的销售额,与更换制面机器之前的 2000 年相比，2001 年同比增长了 30%。

⑤ 按地域进行的 MD 案例——清酒

接下来，让我们看酒类的案例。一般来说，物质越丰富，顾客越会强烈地追求地方特色。作为区域特色较强的酒类来看，消费量在不同地区有很大的差距。从各县的人均消费量来看，红酒在其产地山梨县、烧酒在九州地区、日本酒在新潟县和长野县的消费量较高。

在此，以拥有许多清酒酿酒厂的长野县为例。7-ELEVEn 组织供应商和厂商，对全县 114 家酒厂的特征、各地区的主要酒类品牌的出货量、各地区生意兴隆的酒类专卖店的品类进行了调查。由此可知，长野县的日本酒品种遍及 8 个区域。7-ELEVEn 这些酒按单店进行销售。

因此，自 2001 年 12 月在长野县开始全面推广本地酒以来，销售额有所增加。从北海道到九州都进行了同样的调查。7-ELEVEn 在全国 9400 家店铺分别践行了单店 MD。

3 应对新时代的 MD 与管理

最后，总结一下应对新时代变化的 MD。

❖ 商品过剩时代下的 MD

如今，消费者拥有生活上所需的一切，是物质充裕的时代，也是信息可以瞬间扩散给大多数人的信息化社会。因此，一旦出现有魅力的商品，就会瞬间热销，转眼被扩散，很快又变得卖不出去，形成茶筒式的生命周期。商品生命周期的短期化，意味着比起绝对的需求和价格，顾客更强烈地追求商品的新颖性。因此，对应季商品的需求也提早了。同时，顾客的需求往往偏向于高品质的商品。过去，商品的生命周期较长，只要模仿专卖店或百货店的畅销商品，通过更换原材料等方式，提供价格较低的连锁店的商品，就能大卖。换言之，如今是一个价格诉求和模仿通用的时代。但现在商品的生命周期很短，同样的商品在专卖店、百货店、超市，会在同一时间销售出去。

例如，从1991年以来伊藤洋华堂服装部门的商品单价、库存周转率和损耗率的推移来看，因模仿其他公司和持续推行批发商MD，导致商品单价大幅下降，再加上库存管理不彻底，导致库存周转率低下，其必然结果就是进一步增加降价损失，没能获取利润。与通货膨胀时期不同的是，即使低价也不一定卖得出去，即使卖出去，也只是暂时的。

伊藤洋华堂在2001年10月对男士西装，以8200日元的价格进行大促销活动，卖出了73000套。然后继续销售了10000日元以下的男士西装，但结果销售额却大幅下滑，在2002年6月份的销量仅为9000套。过去，只要运用成功案例，销售额就会进一步提升。然而如今，一次的大促销能成功，但如果连续多次进行促销活动，就会给顾客留下伊藤洋华堂只卖便宜货的负面印象，从而失去追求高品质的现代化顾客。比较一下1998年和2001年的男士衬衫单价，就会发现商品单价下滑了60%，但销数只增加了20%，结果，销售额变成了70%，男士衬衫不能盈利。所以，光靠低价已经卖不出去了。

❀ 日本和美国不同的成本结构

对比伊藤洋华堂和沃尔玛的经营结构，就会发现伊藤洋华堂每坪的毛利是沃尔玛的2—3倍。然而，伊藤洋华堂的每坪成本为70.3万日元，沃尔玛每坪成本为24.8万日元，伊藤洋华堂高了2.8倍。对于GMS来说，日本的通货膨胀非常高，从结构上来看，低价销售·折扣型的生意是不成立的。最重要的是，顾客强烈渴望高品质的新商品。因此，追求品质、进行差异化是伊藤洋华堂的目标和努力的方向。

❖ 真诚待客和打造全新的卖场

当今时代是商品过剩的时代，正在向服务时代转变。过去只要价格便宜，花时间等待就能卖出去，但现在并非如此。所谓服务，第一是要打造让顾客在想要的时候，能够购买到想要的商品的卖场。为此，滞销商品的排除是必不可少的。第二，真诚待客和积极销售。

商品生命周期的日益缩短，意味着进入了不断产生滞销商品的时代。如果不优先排除滞销商品，就无法打造有魅力的卖场。另外，正因为是茶筒型的生命周期，所以为了吸引顾客的目光，需要在获取大空间、在搭配提案等方面下功夫。

现在GMS不再是自助服务的时代。要想销售高品质的商品，就必须提高待客的质量，必须为顾客提供有价值的新商品，改变投放量、投放单位，以及销售方式，打造吸引顾客的全新卖场及真诚待客，所以市场调研极其重要。

❖ 面向价值创造的挑战

从1995年以来，家庭支出中商品和服务的支出金额的变化来看，伊藤洋华堂主要经营的商品类销售额大幅下降，而服务类的销售额则有所增长。这说明现在是一个物质过剩的时代。消费支出正从商品转向服务，不是因为经济衰退而减少对商品的支出。以伊藤洋华堂为代表的零售商不能只追求便宜，还必须不断提供顾客尚未拥有的新商品和高质量的商品，以及新的服务。如果不能基于卖方视角提供商品，而只是对前一年的畅销商品稍加改动后进行销售的话，那么销售额就不会增加。

纵观伊藤洋华堂服装事业部2001年和2002年春装和冬装的变化，会发现其商品构成相差不大。总部于2002年10月下达了在12月上旬之前处理掉冬装，之后再卖春装的指示。不过，店铺还是一如既往地要卖冬装。结果，12月的销售额完全没有上升。由于拘泥于过去的经验，以及持续模仿其他公司和推行批发商MD，会导致采购卖不出去商品，甚至错过商品投入和结束的最佳时机，进而导致卖场的滞销商品堆积如山，造成庞大的降价损失和机会损失。世界发生巨变的情况下，以往的做法显然已经行不通了。

❈ 业务改革与构筑组织能力

伊藤洋华堂自 1982 年以来一直在进行业务改革。对于零售行业，店铺的现场才是与顾客接触的最前线。自 1985 年以来，伊藤洋华堂推进的政策说明会用的幻灯片都已达到 38 本了（截至 2003 年）。在本书中，列举了一些相对较新的和大家熟悉的案例，提炼从一线不断涌现出的智慧，以及反复进行假说与验证的循环，才能打造出"外在竞争力"的卖场、孕育出新的商品。

在这样的背景下，仔细斟酌店铺的要求，与店铺站在统一战线上共同思考的商品部，拥有共享信息的系统，或者各店铺订货权限为始的大的权限的转让，培养兼职员工在内的员工责任感和主观能动性的组织能力，在销售现场中"内在竞争力"的存在等，因为有了以上这些业务改革，才有了现在的伊藤洋华堂。

第 3 章

单品管理

——创造核心竞争力

在此，详细阐述一下伊藤洋华堂业务改革中的核心，即单品管理。作为零售业的库存管理系统，单品管理已经初步形成，先行研究的学者也很多（Marshall L. Fisher、加护野忠男、佐藤芳彰等）。但是，这些文章大多都在阐述单品管理的有效性和实效性，且只论述了单品管理的框架，很少深入探讨其意义。因此，本章将追溯伊藤洋华堂构建单品管理体系的背景和历程并进行分析，阐明单品管理的意义，以及为什么要进行单品管理。单品管理不仅适用于伊藤洋华堂，也不仅限于零售行业，作为库存管理的最佳方法，是寻求各企业固有的有效的库存管理方法。而当各企业探索出这一点时，单品管理就会成为该企业真正的核心竞争力。

"创造需求（提供企业想卖的商品）"和"应对需求（提供顾客想要的商品）"这两个是伊藤洋华堂的订货支柱。创造需求会伴随剩货的市场风险，但如果能很好地与市场需求相匹配，收益性和效率就会提高。但是，为了追求收益性而避免销售机会损失的话，就会承担剩货的风险。对于厂商来说也是如此。

一般，避免销售机会的损失和维持合理库存量，对零售行业来说，都是实现合理管理的必要条件。对于经营品种多样且更换快、商圈范围狭窄、竞争激烈的连锁店来说，不让畅销商品断货是重中之重。因此，为了同时降低销售机会损失和库存量，伊藤洋华堂推行的就是单品管理。

1 单品管理的重要性

❖ "单品"是指顾客的唯一选择

虽然,伊藤洋华堂的单品管理理念出现在 20 世纪 70 年代初期,但其原型可以追溯到 1965 年。每天调查单品的同时,手工计算销售数量和库存数,检查商品的一致性和利润,这叫"刺身型(SAXIMI)调查",过程中虽然也使用 ABC 分析法等,一个接一个地更换调查商品,进行细致的管理,但是跟现在无法相比的原始的单品管理。

尽管如此,伊藤洋华堂的细致观察、精细管理的体质是创业以来就具备的。基于这种体质,随着管理的精度逐渐提高,终于在 20 世纪 80 年代初,形成了体系化的单品管理。但单品管理的原型始于 1965 年。

这里需要提一下,基于 POS 的单品管理,7-ELEVEn 在 1982 年、1983 年领先于伊藤洋华堂 2—3 年开始实施。1980 年伊藤洋华堂引进了 230 台 POS 终端机,在 5 家店铺进行了试验，但由于当时不具备单品管理的条件而作罢。

1965年以来，伊藤洋华堂导入了作为最小库存管理单位（SKU）的"单品"概念，等同于"品目（Item）"。啤酒是品类，一罐350mL朝日辛口啤酒则是单品。衬衫也是一个品类。但是，衬衫有短袖、长袖，还有不同的领子、袖长、颜色、图案等多种多样的款式，每一种都可称为单品。品牌价值、颜色、设计也一样。作为单品，如果衬衫的领口和袖口不合适，对顾客来说那件衬衫就不具有商品价值。也就是说，"单品"或者"品目"是这些顾客的选择中的单个商品。

在选品时，以顾客购买的单位进行单品的管理，就是所谓的单品管理，要结合顾客购买的单位进行库存管理，并进行订货。

但是是以品类和选品分类为基础，进行损益计算，并没有进行单品的损益计算。例如，虽然掌握鸡蛋和草莓为单位的损益，也掌握以6个装的鸡蛋、洋华堂鸡蛋、乌骨鸡蛋为单位的，单品的销售额、毛利、降价损失、销售机会损失、库存量及其金额，但是没有进行进一步的损益计算。这是为什么呢？因为进行销售费用的分摊过于烦琐，以库存周转为目的的单品管理，详细的损益计算并不能说是合理的。

顺便提一下，"单品"这个词在1970年第一版的《流通近代化手册》(三上富三郎、宇野政雄编著) 中就有记载。由大西隆使用, 单品信息和订货清单也曾被刊登过。由此可见, 对于"单品管理", 大西服装 (现在的大西) 的使用领先于伊藤洋华堂。另外, 1962 年的《日本流通革命》(田岛义博) 中, 也阐述了零售业中"单品"概念的重要性。

❖ 订货权限的分权化

店铺所拥有的库存中, 有相当数量的滞销商品。对于这些商品, 不得不降价出售或者废弃。如果是服装, 不符合季节的商品就卖不出去。像寿司和便当这样的商品, 过了规定的时间就卖不出去。随着商品生命周期的结束, 这些商品就会变成滞销商品。当然, 在同一品类中, 畅销商品和滞销商品混杂在一起。因此, 要以单品为基础, 明确并管理好畅销商品和滞销商品。对于各种各样的商品, 其管理方法也各不相同。对于像需要精细的时间管理的生鲜商品, 也可以通过单品管理实现。

由于畅销商品因店铺而异, 所以单品管理, 不能采用中央集权式的订货方式, 而只能采用由店铺完成订货的方式。另外, 在单品管理中, 管理项目会增加。仅是店长和一部分的专业人员是无法管理的。于是伊藤洋华堂大胆地实行了订货权限的分权化。对零售业来说至关重要的订货业务也交给了兼职员工。为此,有必要对这些员工进行培训,在伊藤洋华堂基于假说进行实践,并将对结果进行验证的假说、验证的循环方式渗透到员工的培训中。员工们根据自己建立的假说,自己订货、销售,通过反复确认结果和修正的循环,积累经验,来提高自身的订货能力。

2 两大损失的课题认识

增加库存量可以减少销售机会的损失，但库存量过多就会增加剩货的风险。也就是说，销售机会损失的减少，和降价、废弃损失这两大损失是需要权衡的关系。而且，如果为了确保安全库存而持有过多的库存，就会增加高额利息的成本。

伊藤洋华堂构建单品管理体系的背景是为了实现两大损失的最小化。将断货、降价、废弃这些损失的最小化，是在经营管理技术上最重要的课题。

因此，分析这两大损失的结果是，机会损失大的商品也存在较大的降价损失，造成这两大损失的根本原因是相同的，作为解决对策，而采用了单品管理。

❖ 机会损失——断货

断货分为绝对性断货和相对性断货两种。绝对性断货，是指在卖场和库房（BR，卖场以外的空间）都没有商品的状态；

而相对性断货，是指在卖场中商品的陈列量低于最低陈列量的状态。

绝对性断货，大多是由于工作和人员分配不善而造成的。如果连库房都没有某商品，那要么是订货的问题，要么是交货或配送的问题。

相对性断货的话，因为低于最低陈列量，所以商品在卖场并不显眼，导致卖不出去，从而失去了销售机会。过去，商品匮乏，顾客需要寻找自己想要的东西，但随着商品的多样化和顾客在店内时间的缩短，如今是不显眼的商品很难卖出去的时代。毕竟销售的商品种类繁多，所以卖场必须有意识地确保陈列量等，突出想要多销售的商品，否则顾客是发现不了的。

另外，如果担心库存积压，就将订货周期极度细分的话，因为随时都可以订货，所以疏忽了每一次的订货，就很容易导致断货。如果有"没有了的部分，不足的部分，补充上去就好"等想法，那么每次订货都不能真正取胜，其结果会降低订货精度，所以要非常注意订货的频率。

❖ 降价和废弃损失

如第 2 章所述，降价和废弃损失，往往发生在每个商品生命周期的最后阶段。而且，由于商品生命周期的缩短，初期投入量和阶段性降价的时机变得模糊，降价带来的损失更偏向于发生在期末，因同样的原因，销售机会损失偏向于发生在初期。另外，很多验证都表明，一般是从价格低廉的商品开始产生降价和废弃损失。

另外，像长袖 polo 运动衫这种全年都有稳定需求的常规商品，没有积极开展促销活动，所以导致陈列量容易变少，因此变得不醒目，很容易造成损耗。关于常规商品确保的量越充分，就越能减少损耗的发生，生产和投入的数量越少，降价损失率就会越高。

那么，降价和废弃损失具体是什么原因引起的呢？

① 选品不精准

② 与消费者需求的偏差

③ 投入时机太早或太晚

④ 商品之间的搭配（关联商品）不足

⑤ 昨天卖得好，今天却卖不出去

⑥ 商品之间的竞争（例如，巨峰葡萄和特拉华葡萄）

⑦ 初期投入量太多或太少

⑧ 为培养畅销商品，以卖不出去为前提，特意将其作为结构性商品来陈列

⑨ 缺乏假说或未确认数据的订货

等等。

❖ 单品管理的基本

如前所述，造成销售机会损失与降价和废弃损失的原因多种多样，是综合所有因素而形成的。为了排除这些复杂的原因，实现经营管理的最优化，就不得不进行单品管理。

实际上，伊藤洋华堂的断货与降价和废弃损失都是由相同的原因造成的。断货越多的店铺，其降价损失和损耗也越多，这两大损失中没有哪一个是可以防止的。当然，如果不把比重放在销售机会损失上，而考虑为"售罄断货"的话，可以防止降价损失和损耗，但在对待顾客的姿态上，绝对不允许断货的伊藤洋华堂，此方法是无法想象的，而且对收益方面也是不利的。

在推行的过程中，必须结合各店铺的卖场水平、员工水平以及商品水平，进行相应的指导。

以上就是伊藤洋华堂单品管理思想的要点。

第3章 | 单品管理——创造核心竞争力

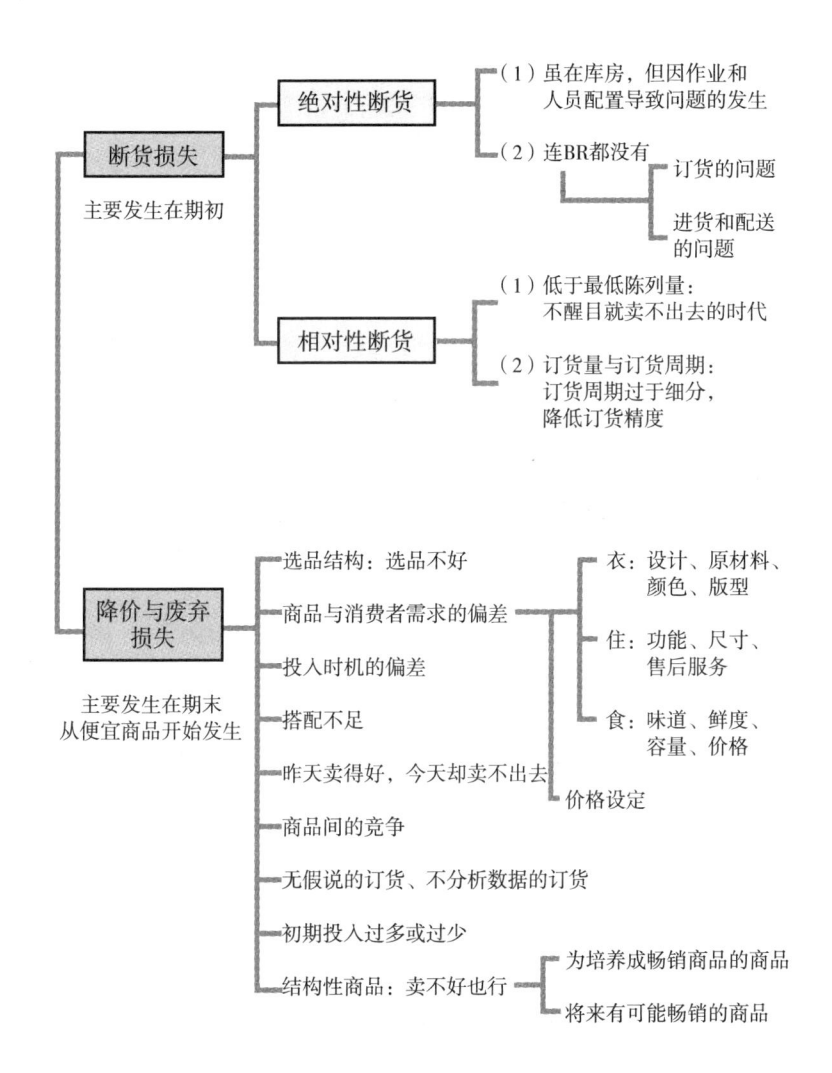

```
                          ┌─ (1) 虽在库房,但因作业和
                          │       人员配置导致问题的发生
             ┌─ 绝对性断货 ─┤
             │            └─ (2) 连BR都没有 ──┬─ 订货的问题
             │                               │
  断货损失 ───┤                               └─ 进货和配送
  主要发生在期初                                 的问题
             │            ┌─ (1) 低于最低陈列量:
             │            │       不醒目就卖不出去的时代
             └─ 相对性断货 ─┤
                          └─ (2) 订货量与订货周期:
                                  订货周期过于细分,
                                  降低订货精度


             ┌─ 选品结构:选品不好
             │                              ┌─ 衣:设计、原材料、
             │                              │    颜色、版型
             ├─ 商品与消费者需求的偏差 ──────┤
             │                              ├─ 住:功能、尺寸、
             ├─ 投入时机的偏差              │    售后服务
             │                              │
             ├─ 搭配不足                    └─ 食:味道、鲜度、
  降价与废弃 ─┤                                   容量、价格
  损失        ├─ 昨天卖得好,今天却卖不出去
  主要发生在期末                             ├─ 价格设定
  从便宜商品开始发生
             ├─ 商品间的竞争
             │
             ├─ 无假说的订货、不分析数据的订货
             │
             ├─ 初期投入过多或过少
             │                              ┌─ 为培养成畅销商品的商品
             └─ 结构性商品:卖不好也行 ─────┤
                                            └─ 将来有可能畅销的商品
```

图 3-1 两大损失(降价与断货)发生的原因

3 订货流程及其要点

❖ 从细致明确的假说开始

在订货流程中,伊藤洋华堂尤为重视的一点是"带着假说工作"。假说必须细致且明确。例如,在某家店铺附近有赶潮活动。此时,需要思考来赶潮的顾客是带着家人来的,还是和朋友一起来的。根据同行者的不同,便当等的菜单也会有所不同。如果是与朋友同行,倾向于选择同样的东西;家人的话,就容易各自选择喜欢的东西。另外,要掌握退潮和涨潮的时间。到了傍晚,菜单也会稍微重口味一些。建立假说需要做到如此细致入微。

❖ 掌握自己店铺的特性

各店铺在规模、地域性、客层等方面都有各自固有的特性。负责人有自己负责的商品，实际订货时，必须掌握自己店铺的各种特性。订货流程的原点，首先是对店铺特性的把握。根据店铺的特性，负责人建立假说。除了特性之外，还要考虑商品的生命周期及销售机会损失的风险，不能是"因为商品销售出去了才订货"，重要的是以"想卖出去，觉得能卖出去才订货"的姿态来对待。

❖ 创造畅销条件

既然要订货，就必须创造畅销条件。没有什么比得上顾客的支持，让顾客想在这里购买的卖场，以及有好的待客服务的重要性自不用说，如果是自己想要"销售"并订货的商品，就必须竭尽全力积极地创造商品畅销的条件。

在此基础上，确认结果并进行验证。弄清楚商品卖得好，或者卖得不好的原因。

不断地重复假说与验证的行为，减少销售机会损失、缩小商品范围的这种强烈意识和行动一直备受重视。

❖ **排除滞销商品**

由于商品生命周期的结束等,排除卖不出去或变得卖不出去的商品,确保畅销商品在店铺中有足够的陈列空间。在排除滞销商品后产生的空间里,投入畅销商品和结构性商品。

❖ **假说与验证的横向展开**

为了提高订货的精度,必不可少的活动之一就是对假说与验证结果的信息进行横向展开。作为提高订货精度的要素之一,需要对店铺的地域性进行假说与验证,并将该信息传达给组织。比如,观察酒的话,新潟县和秋田县的人对酒的喜好会不同。另外,葡萄酒也是,根据区域的特性,白葡萄酒和红葡萄酒的订货比例会有所不同。

另外,假说与验证的水平也因立场不同而不同。为了使其成为组织整体的资源,必须将在各层级上所获得的假说与验证信息进行共享化。关于宏观市场的假说信息,采购负责人、ZM、督导等必须横向展开并进行共享。

对于从各店铺获取的假说与验证的信息,根据总部的指示,有时会在日本全国范围、全部店铺推广并运用,有时也会由各店铺独自建立假说。例如，在三伏天、孩子入园和入学、父亲节、母亲节等的卖场设定，由拥有丰富经验的技术总部传达并在全店共同开展，但在这种情况下，因地理条件、卖场规模、以往的业绩、形象、人的能力等存在差异，各店铺要进行各自的应对。应由总部和店铺组成双轮，将大方针具体落实到每个店铺。

在每周一次的店铺经理会议及督导会议等公开会议上，汇报总部和各店铺的假说与验证，实现信息的共享。

为了保证方针政策和准确传达信息，提高会议的效率，在店铺经理会议开始的前一天的傍晚5点或6点，要确定好第二天要报告的事项，针对这一事项，在会议当天早上8点半集合全体员工进行报告。所以经常能看到店铺经理和督导早早地来到公司相互交换信息。不只是正式的交流，员工间非正式的交流和闲聊也很盛行，彼此间交换着宝贵的信息。即使是和总部工作人员的沟通，也不是正式的，他们是按照各自的意愿进行沟通。

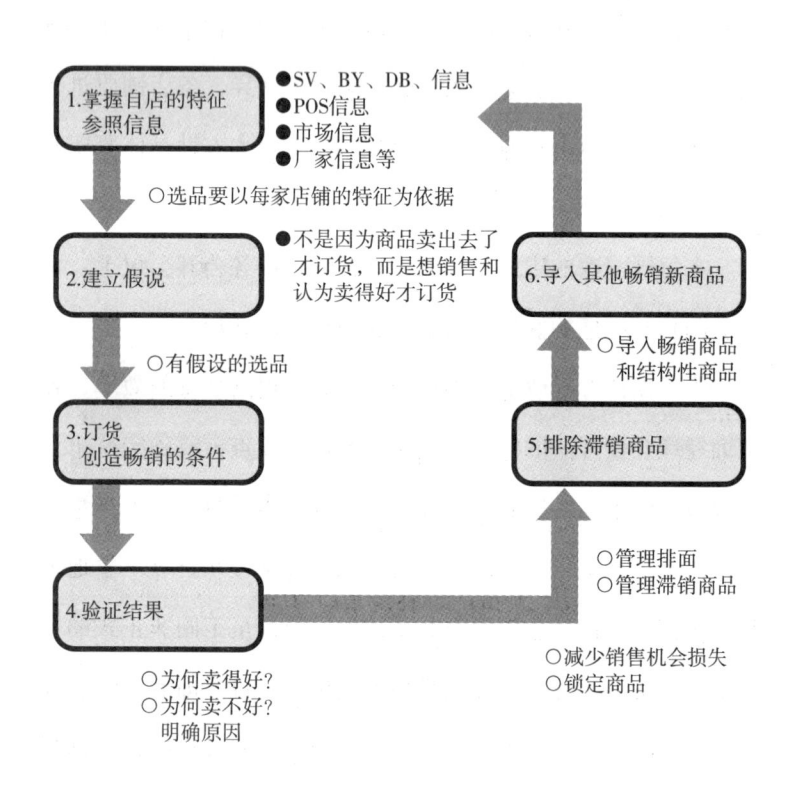

```
┌─────────────┐    ●SV、BY、DB、信息
│1.掌握自店的特征│    ●POS信息
│   参照信息   │    ●市场信息
└──────┬──────┘    ●厂家信息等
       │     ○选品要以每家店铺的特征为依据
       ▼
┌─────────────┐    ●不是因为商品卖出去了    ┌─────────────┐
│  2.建立假说  │     才订货,而是想销售和    │6.导入其他畅销新商品│
└──────┬──────┘     认为卖得好才订货       └──────▲──────┘
       │     ○有假设的选品                      │○导入畅销商品
       ▼                                        │  和结构性商品
┌─────────────┐                          ┌─────────────┐
│   3.订货    │                          │5.排除滞销商品│
│ 创造畅销的条件│                          └──────▲──────┘
└──────┬──────┘                                 │
       │                                  ○管理排面
       ▼                                  ○管理滞销商品
┌─────────────┐                                 │
│  4.验证结果  │─────────────────────────────────┘
└─────────────┘
   ○为何卖得好?                        ○减少销售机会损失
   ○为何卖不好?                        ○锁定商品
     明确原因
```

图 3-2　订货的流程

4 店面的基本和最优化条件

伊藤洋华堂为了实现店铺的基本优化,设定了以下条件。

❖ 组织与权限

首先关于组织,应对各层级赋予明确的责任和权限。在店铺,店铺经理(SM)和统括经理(TM)的责任是达成店铺整体的利润预算,卖场负责人(M)的责任是完成卖场的利润预算。也就是说,以达成优质的PL(损益表)和BS(资产负债表)为目标。

❖ 为提高销售额

在店铺运营中,提高销售额是第一目的。为了提高销售额,首先要做到选品的最优化。也就是说,畅销商品不能出现断货,而滞销商品不应在卖场里。话虽如此,为了不断货而一

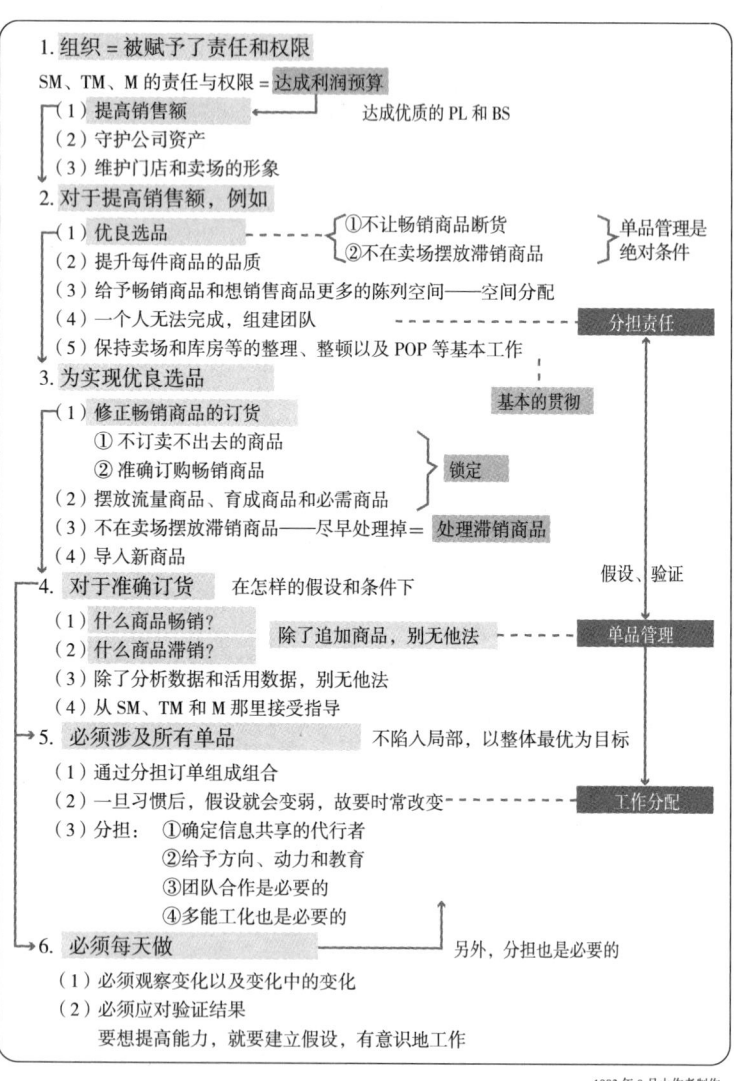

1. 组织＝被赋予了责任和权限
   SM、TM、M 的责任与权限＝达成利润预算
                                达成优质的 PL 和 BS
   （1）提高销售额
   （2）守护公司资产
   （3）维护门店和卖场的形象
2. 对于提高销售额，例如
   （1）优良选品 ──── ①不让畅销商品断货   单品管理是
                    ②不在卖场摆放滞销商品   绝对条件
   （2）提升每件商品的品质
   （3）给予畅销商品和想销售商品更多的陈列空间──空间分配
   （4）一个人无法完成，组建团队 ──────────── 分担责任
   （5）保持卖场和库房等的整理、整顿以及 POP 等基本工作
3. 为实现优良选品
                                          基本的贯彻
   （1）修正畅销商品的订货
        ①不订卖不出去的商品
        ②准确订购畅销商品   锁定
   （2）摆放流量商品、育成商品和必需商品
   （3）不在卖场摆放滞销商品──尽早处理掉＝ 处理滞销商品
   （4）导入新商品
                                          假设、验证
4. 对于准确订货 在怎样的假设和条件下
   （1）什么商品畅销？
   （2）什么商品滞销？   除了追加商品，别无他法 ──── 单品管理
   （3）除了分析数据和活用数据，别无他法
   （4）从 SM、TM 和 M 那里接受指导
5. 必须涉及所有单品   不陷入局部，以整体最优为目标
   （1）通过分担订单组成组合
   （2）一旦习惯后，假设就会变弱，故要时常改变 ─────── 工作分配
   （3）分担：①确定信息共享的代行者
            ②给予方向、动力和教育
            ③团队合作是必要的
            ④多能工化也是必要的
6. 必须每天做   另外，分担也是必要的
   （1）必须观察变化以及变化中的变化
   （2）必须应对验证结果
        要想提高能力，就要建立假设，有意识地工作

1983 年 8 月由作者制作

图 3-3　店铺运营的基本和最优化的条件

直放置这些商品的话，因缺乏鲜度而变成卖不出去的商品，所以接下来必须提高各个商品的品质。另外，将畅销商品和想要销售的商品的空间最大化的空间分配也很重要。例如，衬衫有1700种以上的单品，对于这样的商品，包括排面管理在内的单品管理，不可能由一个人来完成，所以需要组建团队，分担责任。而且，贯彻保持卖场和库房（BR）的整理、整顿和POP展示等不能怠慢的基本工作。

❖ 选品的最优化

具体来说，为改善选品而让商品齐全，我们应该做什么呢？首先，

① 订货的精细化。不订购滞销商品，正确订购畅销商品。此外，能够进行比较购买的商品种类对顾客的选购也有帮助。

② 必须适当地配置流量商品、育成商品以及必需商品。在对整体商品种类进行压缩的时候，商品的种类就会渐渐达到最佳化。

③ 滞销商品坚决不摆放在卖场，也就是迅速排除滞销商品。每个商品都有规定详细的商品生命周期，负责人要把握好自己所负责的商品的生命周期，对即将成为滞销的商品迅速地进行降价或废弃。另外，

④ 新商品的导入也必不可少。如果没有不断地留意新商品，就得不到顾客的支持。

通过实施以上这些行动，就能成功打造出一个商品齐全的店铺。

❖ 订货的精细化

上述关于订货的精细化，在伊藤洋华堂称为"纠正订货"。为了纠正订货，除了追踪哪些商品卖得好，哪些商品卖不出去等商品的实际动向，别无他法。在订货的流程里，也需要进行假说与验证的单品管理。通过观察并运用这些累积下来的数据，就能实现更精准的订货。

在此基础上，督导（SV）、统括经理（TM）、经理（M）等进行包括订货失败案例在内的信息的交换和共享，将这些信息反馈到各店铺，使订货变得更加精准。

❖ 所有商品的单品管理

以实现整体最优为目标的单品管理，必须对所有商品进行实施。以女装为例，单是下装就被分为半身裙和裤子，它们都有各自的样式和品牌，还有尺寸、颜色、价格等分类。单看下装和价格，无法进行单品管理，还必须考虑与下装相搭配的上衣等商品之间的关系。在单品管理中，不能只局限于单品这一部分，要考虑到整体品类。

虽然公司总是要求以整体最佳为目标的工作推进方式，但由于职位和立场的不同，员工的眼界和水平也不同。因此，一个人无法完成对所有商品的单品管理，需要分工合作，由团队来完成。即使执行团队合作，一旦员工习惯了这种模式，也会形成惰性，思维方式会变得固化，假说也会有弱化的倾向，因此要时常变更工作分配和订货分配。此外，每个人都有自己的个性，要采取各自相应的分工方法，员工培训、信息共享、团队合作、多能工化等也都是必要的。

❖ 每天执行

持续不断的整体最优，不仅要以所有商品为对象，还必须每天执行。不是想到的时候就去做，而是必须经常坚持做。以大量的单品为对象，每天进行单品管理，需要团队内部分担并进行应对。为了准确地进行工作分配，团队内部必须共享店铺的愿景、销售政策的优先顺序以及工作流程。因此，同伴之间的团队合作就显得尤为重要。

5 库存周转率反映经营质量

在总部的战略制定能力和现场能力的互相作用下,伊藤洋华堂第一次实现了单品管理。

高效的库存周转,首先取决于总部的 MD 力,尤其是优质商品的开发能力。其次,销售能力也是很重要的。销售能力可以理解为想要全部卖光的强烈意愿、销售技巧、建立假说·执行·验证的能力。最后,货物的运输能力,即与合作伙伴的物流体系、促销等协作能力也与库存的周转率息息相关。

另一方面,即使具备店铺运营管理能力,即商品采购能力,能够以较低的成本打造出卖场,但如果没有足够的人员,就无法应对多样化的商品和宽阔的卖场。零售业是劳动密集型产业,正因为如此,才需要确保足够的员工,加强员工的培训,以及提升员工的业务水平和人岗匹配。另外,如果不能灵活运用员工的智慧,那么单品管理就没有意义。同时,需要管理人才的能力。

另外,为了支撑单品管理,提高库存周转率,必须构建信息储备能力，也就是说不构建有效的系统就无法实现单品管理和库存周转率的提升。例如，包括接收订单系统、人事及劳务管理系统在内的所有系统的水平，如果不能同时发挥作用，就无法取得良好效果。伊藤洋华堂是最早将POS应用于MD和市场营销的公司。

但是，由于POS的结果出来得很快，想要迅速地应对，就容易对数据进行囫囵吞枣地解读，采取行动的话，假说、验证的循环就无法发挥其作用，还有可能陷入失衡的状态。而且，在某家店铺获取的数据，未必适用于其他店铺。如前所述，需要根据每个店铺的特性进行应对，在迅速呈现数据结果的同时，如果没有培养好现场的判断力，就无法充分运用这些数据。

只有将这些组织能力整合起来，并朝着相同的方向发展，才能提高库存周转率。由此可见，库存周转率是反映经营质量高低的指标，为此，总部的战略制定能力和现场的组织能力的均衡是相当重要的。

6 多能工化

即使把订货和打造卖场这些重要的权限转交给店铺，让他们各自分担，也需要庞大的工作和专业知识。要想让合理的人员来完成这一任务，就必须让每一个人都能够完成很多相关的工作，譬如不同商品的订货和单品管理。如果没有合适的人，就无法进行合适的订货，那么店铺就无法运行。所以，员工的多能工化是很必要的。

而且，如果员工长期从事某一项业务，容易变得故步自封，所以必须有意识地避免这种情况的发生。当然，可以通过让员工承担其他业务，避免上述情况的发生。

另外，从顾客的角度来看，员工也需要多能工化。员工的工作分工对顾客来说是没有意义的公司内部的事情。顾客是和伊藤洋华堂店里的员工搭话，而不是因为认识鲜鱼部门的负责人而搭话。即使是鲜鱼部门的资深负责人，如果回答不出购物篮的放置地点、洗手间和自动扶梯的位置，也会失去顾客的信赖。因此，广义上的多能工化是必要的，分工或者负责人不是指专门职位。

伊藤洋华堂在很早以前的 1966 年就导入了工业工程（Industrial Engineering）等，并设立了零售工程（Retail Engineering）部门。丰田公司也实行了所谓的 TQC（Total Quality Control，全面质量管理控制）活动，它是与"为什么运动"相对应的"追求目的的运动"。可以说工业工程是"单品管理"与"业务改革"的开端，它们都是基于"科学应对所有变化"的思维方式，伊藤洋华堂称之为"零售业的科学化"。

7 假说与验证的组织活动

例如,在腌菜的同一品类中,有泡菜、老腌菜、酱菜、糠腌菜等商品;即便是肉类,也分为牛肉、鸡肉、猪肉等不同种类,而且品质和用途也各不相同。另外,由于商品劣化速度不同,所以商品损耗率也是不同的。单品管理虽然是极其细致的管理,但只要利用好这些商品的常识,建立假设就不是什么难事。但此时,重要的是要有意识地工作,避免让自己陷入惰性。作为单品管理的循环,首先必须建立假设,然后有意识地行动,并对其结果进行确认和验证。为此,伊藤洋华堂一直致力于提高员工的主观能动性,最大限度地发挥员工的能力、积极性,维持和强化组织整体的活力。

此外,排除滞销商品在单品管理中是不可或缺的,乍一看似乎是消极的做法,但伊藤洋华堂恰恰认为这是最积极的经营方式。通过排除滞销商品,可以推进畅销销品和结构性商品的销售。排除滞销商品,不仅能让畅销商品更加明确,同时还能实现吸引顾客眼球的货架陈列。因此，伊藤洋华堂认为，持续排除滞销商品的前提是实行单品管理，这是零售业中最积极的活动。

如今，单品管理已经成为流通业的共同语言，广为流传。但是，很多企业只是通过 POS 对库存单位进行细分化管理，这只是有限的利用。伊藤洋华堂的单品管理是持续不断的业务改革中的一环，不仅包括库存管理，还涉及市场营销、团队 MD 等整体管理的改革。单品管理是众多员工进行假说·执行·验证时的动力，相反，他们的工作热情也反映在单品管理中，在相互依赖的整合性中发挥着作用。

零售业包括库存管理、工程管理、劳务管理，还有鲜度管理、品质管理等各种各样的管理。而单品管理只是库存管理的一部分，并不代表全部。尽管如此，实现单品管理，包含经营战略在内的各种要素都有关联性，不仅停留在库存管理，还包括品质管理、工程管理、商品构成、商品组合战略等。

美国 SLC（Southland Corporation）曾经导入了单品管理。员工因为担心自己所订购商品的销路而开始在休息日去探店，但之后就没有持续发展。或许并不是所有的公司都能实现单品管理，因为会受到扎根于创业者价值观的组织氛围和企业文化的影响。即便如此，以顾客为导向的最小库存单位的概念、订货权限的转移、假说与验证循环等活动,不仅会给经常搞促销和频繁陷入商品过剩的零售业一些启发,还可能给汽车行业等制造业行业提供一些建议。

第4章

伊藤洋华堂经营的本质

——其理论的验证

有人指出，伊藤洋华堂业务改革的推进方式是以某种目的为始，在达成目标之后，再朝着下一个新目标前进。但事实并非如此，伊藤洋华堂业务改革的目的和目标从始至终从未变过。因为它是基于伊藤洋华堂经营哲学的目标。

伊藤洋华堂从 1965 年开始把以下三点作为公司的宗旨。

·我们希望成为被顾客信赖的诚实的企业。

·我们希望成为被合作伙伴、股东和区域社会信赖的诚实的企业。

·我们希望成为被员工信赖的诚实的企业。

这不仅仅停留在理念，业务改革就是具体化过程中的产物。业务改革也是践行公司的宗旨的一环，是一个漫无止尽的奋斗过程。

本章将从理论的角度验证上述业务改革到底给伊藤洋华堂带来了什么。

1 业务改革的目标与利益相关者的视角

虽然从1982年开始的业务改革已经过去了26年（截至2008年），但其核心思想至今都没有改变过。在此，我将重新梳理业务改革的目的，以及它给顾客和员工等利益相关者带来了什么。

❈ 业务改革的目标

在规划业务改革时，其目标是将业务结构和生存根基从"成长转变为生存"的模式。为此，必须改变干部的意识和思维方式，进而改变他们的行动和活动方式。改革的结果是，现场和组织的各个角落都被下放了权限，有组织性且能自主性地工作，现场的组织能力也得到了大幅提升。也就是说，以商人的视角，把公司转变成由具有敏锐感知力的人所构成的公司。

所谓业务结构和生存根基的变革，就是对公司进行如下几个方面的改革。

```
┌─────────────────┐
│   改变业务结构    │         ●获得顾客强有力支持的公司
└────────┬────────┘         ●员工能够轻松工作的公司
         │                  ●高收益、高效率、高增长的公司
         ▼                  ●有竞争力的公司
┌─────────────────┐         ●具有应对时代变化能力的公司
│   改变干部的行动  │
│   和活动模式      │         ●改变工作方式
└────────┬────────┘
         ▼
┌─────────────────┐
│   改变干部的思想  │         ●改变意识
│   和思维方式      │
└────────┬────────┘
         ▼
┌─────────────────┐         ●身为商人的敏锐感知度
│ 权限下放，有组织性 │        ●营造自我解决和安心嘱托的氛围
│   自主性地工作    │         ●分权与集权的最佳匹配
└─────────────────┘         ●分工与整合
```

图 4-1　业务改革的目标

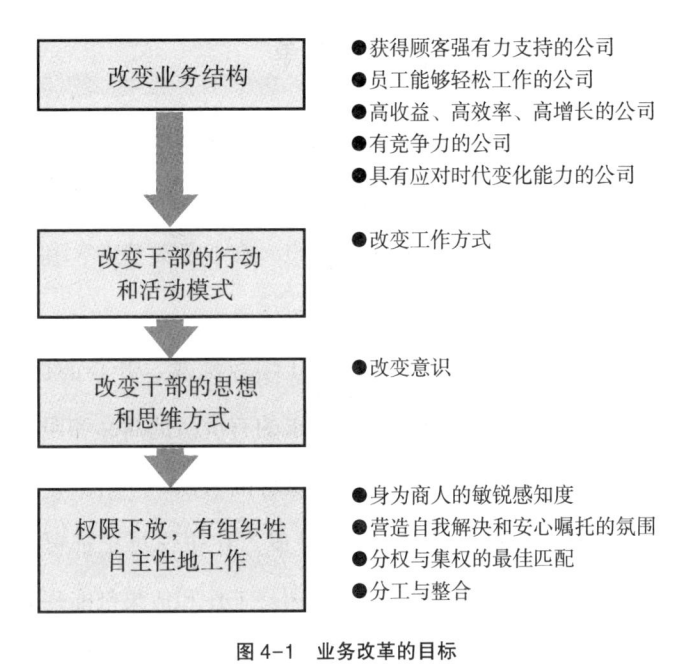

① 成为获得顾客强烈支持的公司

② 成为能让员工有价值的公司

③ 成为高收益、高效率、高增长的公司

④ 具有竞争力的公司

⑤ 是具有应对时代变化能力的公司

因此，伊藤洋华堂对组织活动进行了分权与集权的平衡，分工与整合的平衡优化设计。其目标是强化总部的组织能力和现场的组织能力。

❖ 对利益相关者而言的业务改革

在本章的开头我已经论述了伊藤洋华堂的公司宗旨。

公司宗旨要被公司的利益相关者所信赖,并对他们诚实。而业务改革恰恰要忠实地反映这一点。在业务改革中,利益相关者所处的位置如下:

① 对于顾客来说,应该成为让顾客满意、开心的店铺,能够以低廉的价格购买到顾客所追求的有价值的商品和服务的店铺,让顾客觉得在我们这里购物真好的店铺。

② 对于公司的员工来说,应该成为让每位员工都可以得到良好发展的公司;感到自豪的公司;工作和成果都能得到合适的评价,薪酬也逐步提升的公司。总之,应该成为有价值的、有意义的、工作质量高的公司。

③ 对于合作伙伴来说,应该成为支付条件好的公司,没有合同之外退货的公司,信守承诺的公司,利润不断增加的公司,通过与伊藤洋华堂的合作,让合作伙伴学习到某种经验技巧、工作方式以及经营革新方法的公司。

④ 当然,对于股东来说,要成为利润增长率高的、运营稳健的、让股东可以放心地增加投资的公司。

业务改革的目标就是实现以上这些愿景。

表 4-1 针对主要利益相关者伊藤洋华堂想要实现的目标

1. 对于顾客	（1）让顾客满意和开心的店铺 （2）顾客能以较低价格买到有价值的商品和服务的店铺 （3）让顾客感觉在 IY 集团（现在的 7&I 控股公司）购物是件值得自豪的事情
2. 对于员工	（1）让员工成长的公司，让员工感到自豪的公司 （2）员工的工作和成果得到相应的评价和报酬 （3）工作有意义、工作质量高的公司
3. 对于合作伙伴	（1）支付条件良好，无合同以外的退货的公司 （2）交易越多，利润越多的公司 （3）能学习到经营革新方法和技术的公司
4. 对于股东	（1）具有高利润增长率 （2）稳健且坚实 （3）让股东安心且想增加投资的公司

2 经营的适应对象

毋庸置疑，企业经营的首要目的是维持企业的生存与发展。为此，我们必须获得并维护顾客。然而，获得和维护顾客的前提是正确理解顾客。我们必须理解顾客有什么样的欲求、需求、期待和不满，并采取满足对方的欲求的行动。

为了达成这一目的，我们必须应对并适应企业内外部环境的变化。需要适应的对象分为外部环境和企业内部变化。应对外部环境变化的适应对象，包括适应顾客、适应竞争、适应技术。作为应对企业内部变化的适合对象，适应资源和适应组织，变得尤为重要。

这些适应对象在业务改革中是如何被定位的，以及采取了怎样的措施，我将在下文中进行论述。

❖ **适应顾客**

适应顾客可以分为三种。也就是说，

① 必须明确谁是顾客或者谁应该是顾客。

② 必须正确掌握顾客的需求。顾客的需求是包含品质、设计在内的功能，还是辅助性的服务，抑或是价格？而且

③ 这些需求也会发生变化，因此适应这种变化也很重要。

❖ 适应竞争

虽然伊藤洋华堂并不强调如何适应竞争，但我们无论如何都会受到竞争的影响，所以对竞争的应对也成为重要的对象。首先，

① 为了创造竞争优势，必须谋求商品、服务和价格的差异化。在商品的差异化方面，十分重视商品开发和品质管理。

② 为了实现服务差异化，必须打造品牌形象，不断强化和完善流通过程、待客服务等商品以外的部分。

③ 为了实现价格差别化，必须尽可能降低成本。不仅要在商品采购方面，在运营方面尽力降低成本也是必不可少的。

为了适应竞争，可以制定对手难以反击的战略，也可以考虑不与对手为敌的方法，但伊藤洋华堂集团的共识是，相比那些，顾客的需求才是唯一的竞争对手。

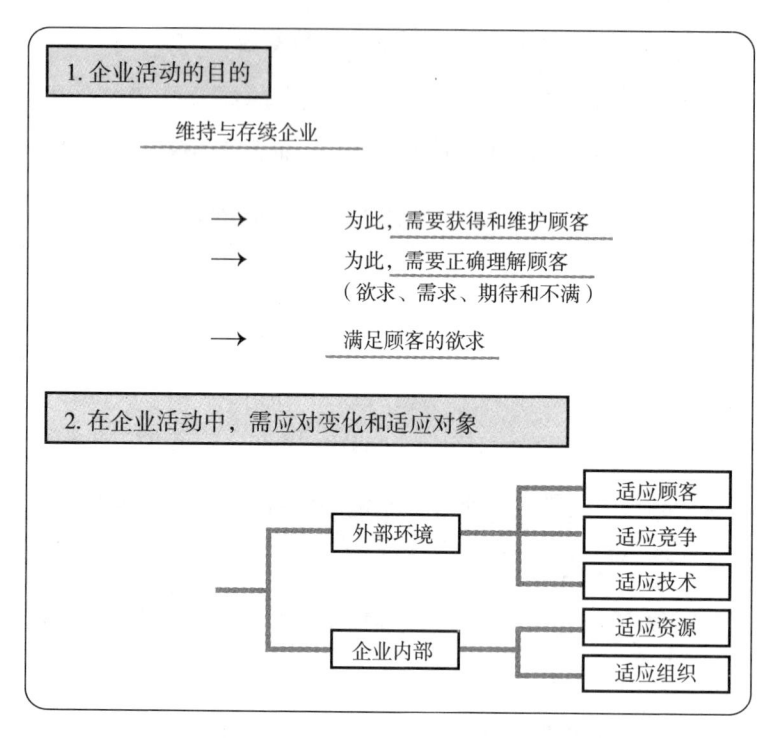

```
┌─────────────────────────────────────────────────┐
│  1.企业活动的目的                                │
│                                                 │
│         维持与存续企业                           │
│                                                 │
│         ⟶    为此，需要获得和维护顾客            │
│         ⟶    为此，需要正确理解顾客              │
│              （欲求、需求、期待和不满）          │
│         ⟶    满足顾客的欲求                      │
│                                                 │
│  2.在企业活动中，需应对变化和适应对象            │
│                                                 │
│                         ┌── 适应顾客             │
│              ┌─ 外部环境 ┼── 适应竞争             │
│              │          └── 适应技术             │
│              │                                  │
│              └─ 企业内部 ┬── 适应资源             │
│                         └── 适应组织             │
└─────────────────────────────────────────────────┘

图 4-2　企业活动的一般目的和适应领域

## ❖ 适应组织

在企业内部活动中，最重要的是经营资源，组织适应性。要想适应组织，

① 必须让员工的想法、方向与公司保持一致。

② 大的方向性，也就是说，必须将组织的气势变大。如果方向性变大了，
```

③ 还必须经常健全化。

这三个活动对于适应组织是不可或缺的。

在方向的统合中，为了实现员工的思想统一，其中极为重要的是，制定简单且清晰易懂的方针和张弛有度的优先顺序，同时又要能够验证员工的实践。

在业务改革中，

① 从最初阶段开始控制商品，采购畅销商品，考虑如何不采购滞销商品。

② 增加畅销商品的数量。

③ 将此商品尽可能以较低的成本采购。

④ 如果采购了卖不出去的商品，要尽快地排除。

为了实现这些目标，一直敦促员工们经常进行自问自答。例如，我们经常会问员工，目前什么商品处于瓶颈状态，如何去解决这一问题，这是员工认真地进行假说和验证的过程。

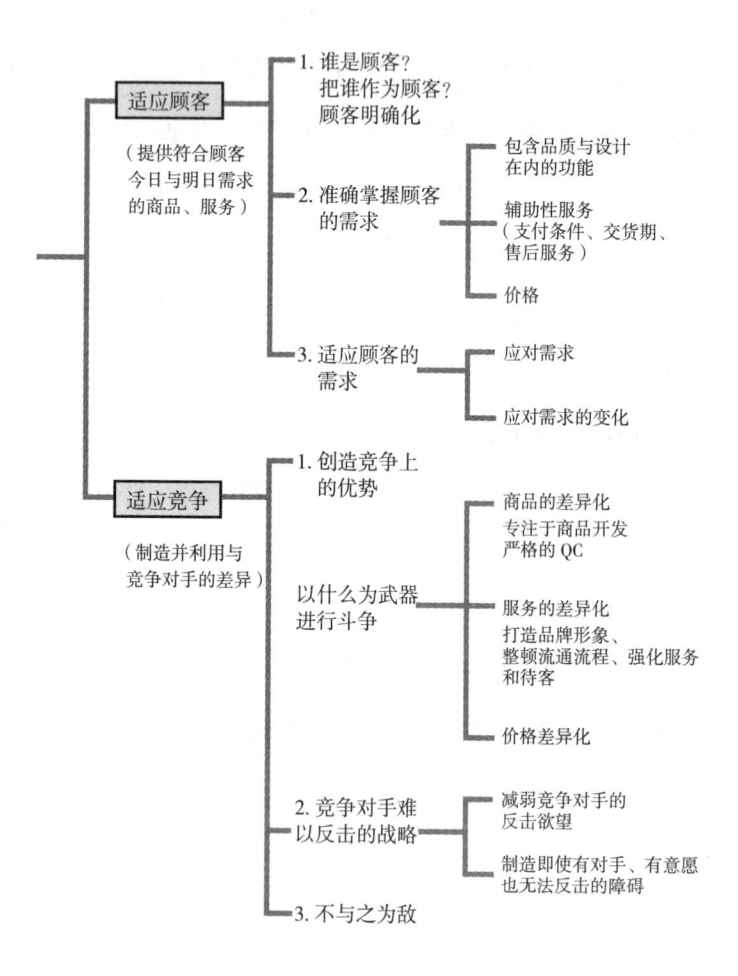

```
                                  ┌─ 1. 谁是顾客?
                                  │   把谁作为顾客?
                  ┌─ 适应顾客 ─────┤   顾客明确化
                  │                │                      ┌─ 包含品质与设计
                  │  (提供符合顾客  │                      │   在内的功能
                  │   今日与明日需求│                      │
                  │   的商品、服务) ├─ 2. 准确掌握顾客 ────┤─ 辅助性服务
                  │                │    的需求            │  (支付条件、交货期、
                  │                │                      │   售后服务)
                  │                │                      └─ 价格
                  │                │
                  │                │                      ┌─ 应对需求
                  │                └─ 3. 适应顾客的 ──────┤
                  │                     需求              └─ 应对需求的变化
──┤
                  │                ┌─ 1. 创造竞争上
                  │                │    的优势
                  │                │                      ┌─ 商品的差异化
                  │                │                      │   专注于商品开发
                  │                │                      │   严格的 QC
                  │                │                      │
                  └─ 适应竞争 ─────┤   以什么为武器 ──────┤─ 服务的差异化
                     (制造并利用与  │   进行斗争            │   打造品牌形象、
                      竞争对手的差异)│                      │   整顿流通流程、强化服务
                                   │                      │   和待客
                                   │                      │
                                   │                      └─ 价格差异化
                                   │
                                   │                      ┌─ 减弱竞争对手的
                                   │  2. 竞争对手难      │   反击欲望
                                   │   以反击的战略  ─────┤
                                   │                      └─ 制造即使有对手、有意愿
                                   │                          也无法反击的障碍
                                   │
                                   └─ 3. 不与之为敌
```

图 4-3 适应顾客与适应竞争

第4章 伊藤洋华堂经营的本质——其理论的验证

```
                                              ┌─ 简单且明快的方针
         ┌─ 1. 思维方式一体化、统一方向    ────┼─ 张弛有度的优先顺序
[适应组织]─┼─ 2. 扩大组织的气势和确定大方向      └─ 制定实行的依据
         └─ 3. 经常地实现方向的健全性
                         ↑
              每周召开业务改革会议的目的
```

非常简单地说

命题

1. 采购畅销商品
   （不采购卖不出去的商品）

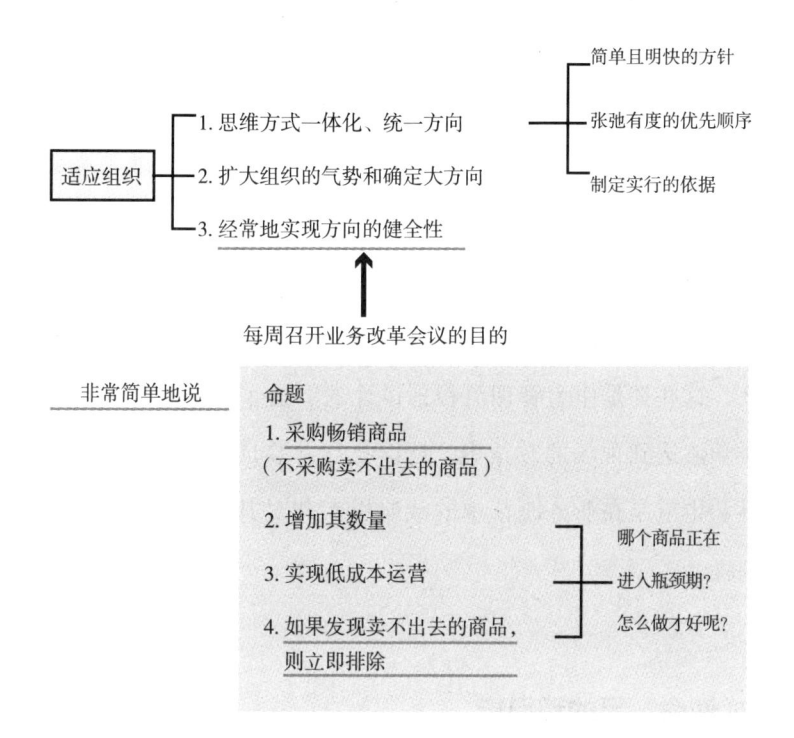

2. 增加其数量

3. 实现低成本运营 ┐ 哪个商品正在
                 ├ 进入瓶颈期？
4. 如果发现卖不出去的商品，┘ 怎么做才好呢？
   则立即排除

图 4-4 适应组织

3 管理体系和 MD

伊藤洋华堂在1980年开发了集团管理体系。譬如，伊藤洋华堂应有的使命是什么，应该如何设定目标，目标应该是什么，这些都是作为管理流程来设计的。图4-5展示了将经营哲学渗透到现场的政策中，持续执行并验证现场政策的重要性，也就是在业务改革中的战略思考和对其战略的验证的重要性。

❖ 使命、目的和目标

首先，伊藤洋华堂提出了"作为诚实的集团，旨在提供值得信赖的优质商品和服务，提高人们的生活品质"的使命。其次，在右侧的"目的"一栏中，设定了五个目的，包括要应对顾客的需求和期待、与合作伙伴维持信赖的关系、向股东提供丰厚的经济报酬，并成为其优质的投资对象、成为回馈区域社会的集团以及为员工的人才开发提供帮助的集团。将这样的使命、目的和目标象征化后，作为伊藤洋华堂的经营哲学。

因此，当前公司的目标是，继续实现利润增长，提高整体生产效率。

❖ 商品营销企划（MD）政策的立案

为此，在考虑外部环境和内部资源的同时，制定 MD 政策，并以此政策为基础，落实到商品政策和销售政策上。通过管理这三个政策来实现目标。

在 MD 政策中，特别重视的是顾客的潜在需求、对顾客有价值的商品、不断探究能够向顾客准确传达商品价值的手段，以及不断验证总部政策和战略的正确性。

❖ 现场的政策执行

上述的政策必须在现场执行并加以验证。

所谓的政策不过就是计划，被打乱也很正常。不管是按照计划达成工作目标时，还是超出计划时，抑或是达不成计划时，都必须分别考虑未来应该采取怎样的行动。计划往往会受到各种因素的影响。例如，形象的问题、技术的问题以及人员

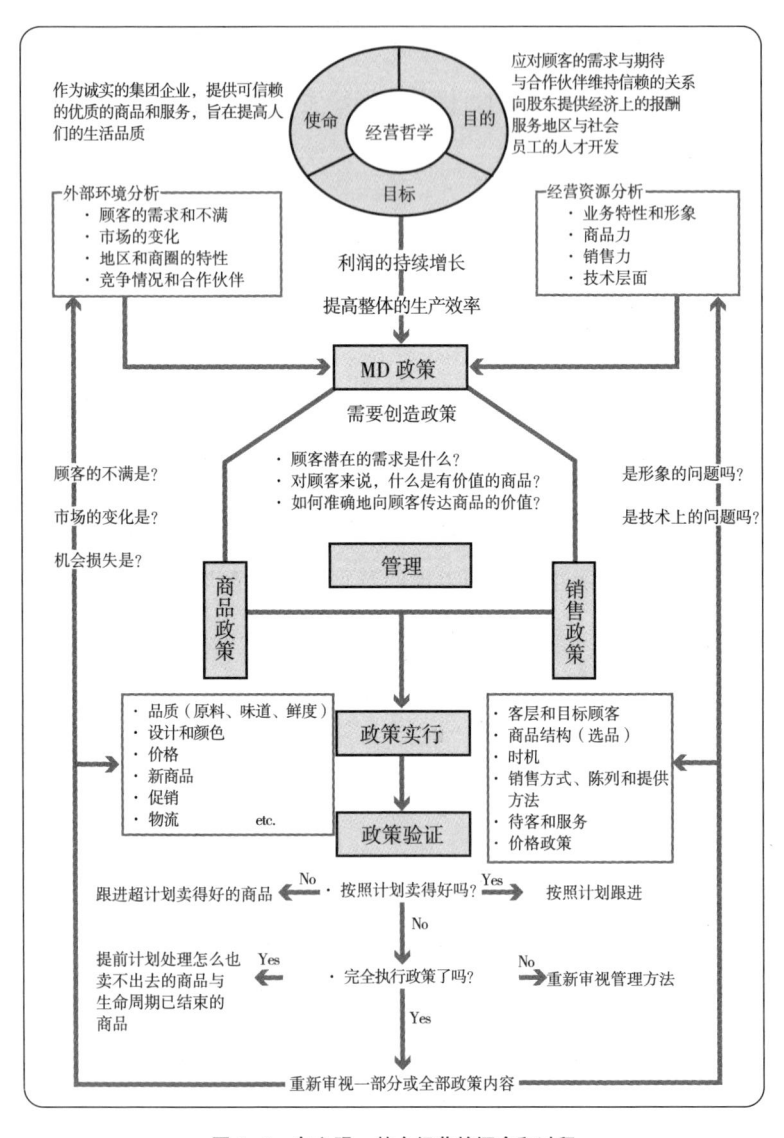

图 4-5 鸟之眼：整个经营的概念和过程

的问题。但是，这里需要引起重视的是，上面的政策是否正确地传达到了下面的现场？这一过程中是否存在瓶颈？我们必须对这些问题进行持续地验证和矫正。这才是业务改革的活动。

❖ MD 周期

经营的过程用 MD 的循环展示的是图 1-5（41 页）。

这张图明确了整个 MD 循环中需要特别留意的点，以及展示了在解决问题时不陷入局部、不迷失整体的框架。

4 单品管理经营

业务改革和单品管理必须巧妙结合。图4-6展示了这一整体结构。

该图由六个功能构成。最重要的是创造畅销条件。在创造畅销条件的基础上，对每天的订货和卖场进行微调，掌握问题点并加以解决。这样一来，公司就能超越个人的领域，对机制进行改革。接下来在商流和物流的大流程中，掌握问题点并加以解决。然后，积累怎样的条件会对销售额或利润产生影响的知识和知识产权。对整体进行管理是最后一项。

❖ **创造畅销条件**

畅销条件，可以分成三个大框架。图中 [① 创造畅销条件] 位于左侧的三个条件，首先是与商品相关的必要条件。也就是说，商品本身的品质和价格等，作为整体选品的魅力、商品的新颖性以及新商品的进货状况。其次是右侧的基础条件，包括干净整洁的环境、友好的服务和待客、包装等基本服务。最后是介于以上两者之间,可分为:卖场布局、方便购买度、可对比购买度,包括选购乐趣等在内的条件、演示和诉求。

❖ 每天的订货、卖场的微调与再设计

影响销量的每天的调整。即每天的订货和卖场的调整。获得关于天气、生鲜食品的行情、地区的活动、竞争对手动态等明天或将来的信息,制定相应的计划。接着,在当天反复地进行微调,并验证销售结果。

促使销量发生变化的各种因素中,包括每天、每小时的销售趋势,天气、季节的变化,生命周期的变化,与价格相关的变化(例如将特拉华葡萄特价出售的话,巨峰葡萄就卖不动),与其他商品相关的变化,竞争对手的商品出售等变化。像这样,每天的订货和卖场的微调,就属于单品管理。

❖ 掌握问题点并解决问题

掌握问题点并解决问题,就是在经营管理中广为人知的 PDSCA(Plan、Do、See、Check、Action)循环。

创造畅销条件、订货的微调、

时代的变化　高速增长期 ──────→ 低成长 ──────→ 认识
　　　　　　　　供求关系的变化　　　　　　　　　　　　　把握时代潮流中的战

⑥ 管理
　组织体系
　开发方法与提示
　目标设定
　计划·工作分配
　彻底贯彻·灌输意识
　评价

① 创造畅销的条件
　掌握商品特征
　　商品本身的品质、价格等
　　整体品类的魅力
　　新颖性、新商品

③ 掌握并解决问题点
　原因分析·假说 → 执行
　评价 ← 现状分析

信息共有化

使销量发生变化的原因
○每天、每小时的销售趋势
○根据天气、季节的变化
○根据生命周期的变化

② 每日的订货和

明天的信息
天气、行情、活动、竞争对手等

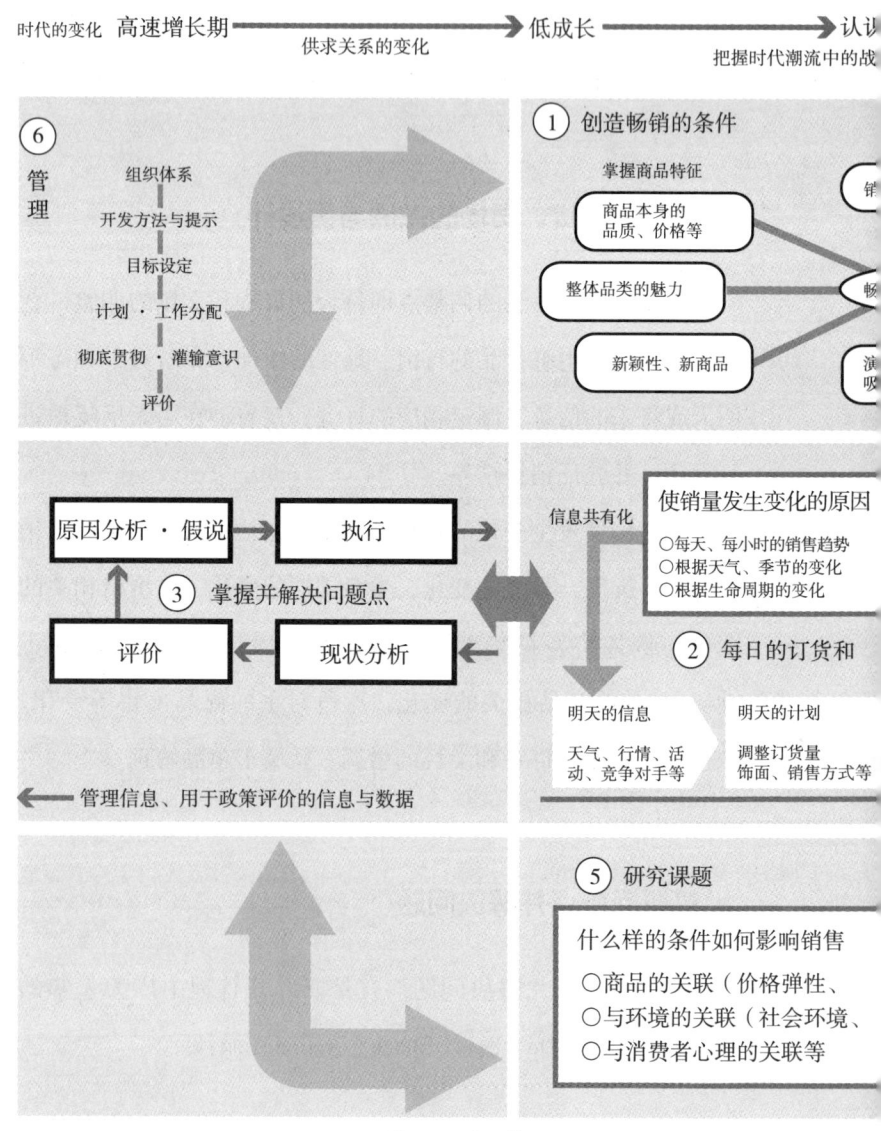

明天的计划
调整订货量
饰面、销售方式

← 管理信息、用于政策评价的信息与数据

⑤ 研究课题

什么样的条件如何影响销售
○商品的关联（价格弹性、
○与环境的关联（社会环境、
○与消费者心理的关联等

图 4-6　单品管理

146

掌握并解决问题点、体制改革和研究课题

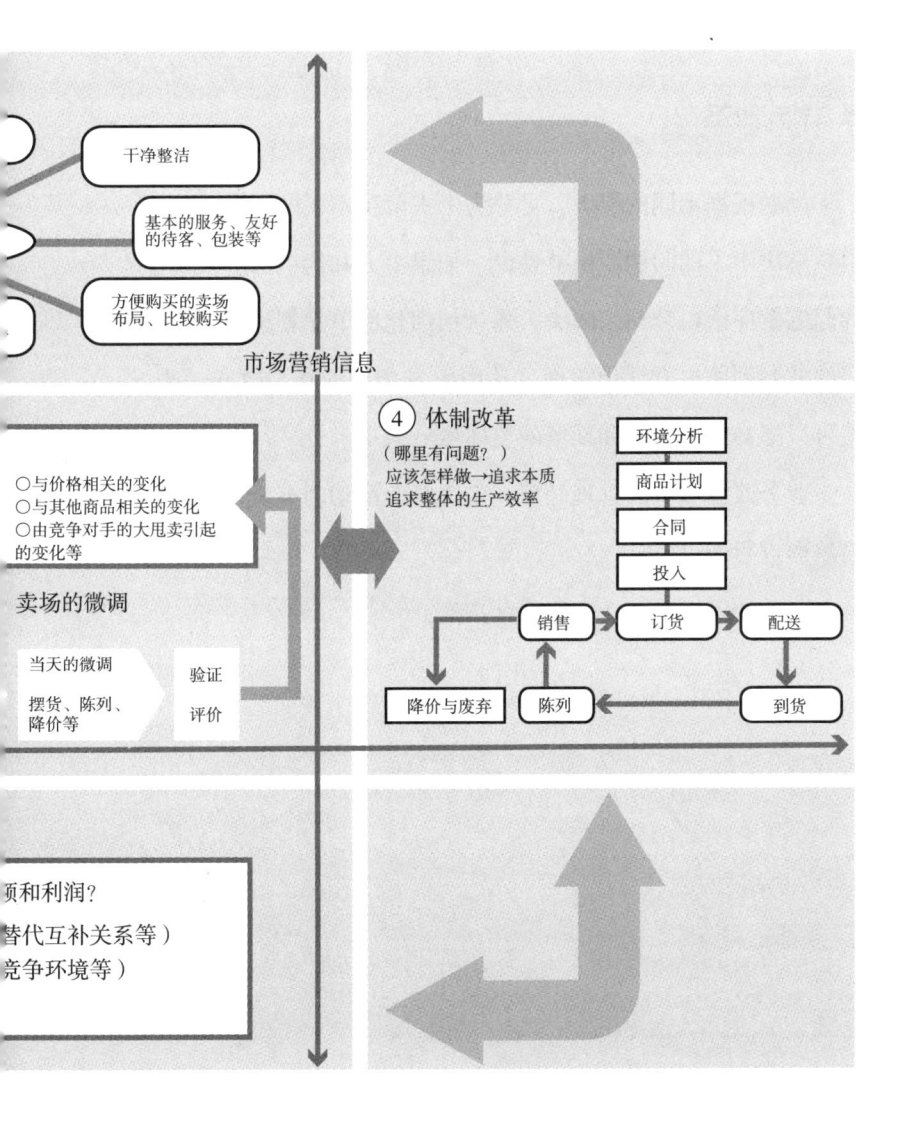

代 ─────────────────→ 地区顾客、竞争环境、经济和社会的变化

干净整洁

基本的服务、友好的待客、包装等

方便购买的卖场布局、比较购买

市场营销信息

○与价格相关的变化
○与其他商品相关的变化
○由竞争对手的大甩卖引起的变化等

卖场的微调

当天的微调
摆货、陈列、降价等

验证 评价

④ 体制改革
（哪里有问题？）
应该怎样做→追求本质
追求整体的生产效率

环境分析
商品计划
合同
投入

销售 — 订货 — 配送
降价与废弃 — 陈列 — 到货

颀和利润？
替代互补关系等）
竞争环境等）

单品管理的第三项活动是，对执行结果进行分析和评价。这种循环往复就是阶段三。

❖ 体制改革

问题根据不同的层级，可分为个人解决不了的问题、特定组织解决不了的问题。也就是说，如果个人和组织都解决不了的问题就应该由公司来解决。通过精细化的单品管理活动，公司的体制问题也会浮出水面，从而引发公司改革。这样一来，就可以提高整个公司和现场的整体生产效率。

业务改革和单品管理经营，是以企业活动的本质性活动为对象而进行的。

5 环境、战略、组织的管控

1984年3月,伊藤洋华堂关于业务改革进行了第五次总结。其中包括:① 历史性定位,② 7大步骤,③ 思想、思维方式的客观性,④ 具体改革中的环境、战略、组织、方法,⑤ 在管控中的诸多要素,即MD、采购、店铺运营、经销商和促销。

❖ 历史性定位

大致回顾一下业务改革的历史经过:1980年伊藤洋华堂开始重视从企业成长向企业生存的对策性方向转换;1981年上半年利润出现下滑,并受到强化《大店法》的影响,开启了下半年的紧急对策,进入暴风雨的应对态势;之后1982年全公司实施应对暴风雨的策略和组织改革,进一步推进了业务改革。

❖ **业务改革的步骤**

如上所述,从效率方面出发的业务改革设计是以提高库存的生产率、空间的生产率、人力生产率、促销的生产率、组织的生产率为目标的。

❖ **思想的客观性**

关于业务改革的评价,我们征求了许多外部有识之士的意见,对设计思想进行了验证,并鼓起了实施的勇气。我们邀请了庆应义塾大学的清水龙莹先生、摩根士丹利的 Loeb 先生、沃尔玛的 Shoemaker 社长、Management Horizon 管理咨询公司的 W. R. Davidson 先生等作为第三方进行评价和给予建议。

代表性的建议有以下几点。

① 摩根士丹利的 Loeb 先生

重视 4P(Planning、Productivity、Profit、People)。另外,有效率的系统和有效的促销很重要,恰到好处的人才配置也很重要。更为重要的是,保持有对顾客来说清晰且鲜明的店铺印象。

② Stanford Research(SRI)的 W. C. Hegg 先生

立足于伊藤洋华堂现有的形象，不要创造新的领域，也不要脱离现在的业务基础，要成为低成本"制片人"。要从伊藤洋华堂的顾客概况（舞台、生活方式）、日本顾客概况以及梳理顾客的需求中归纳出机会和问题点。

③ 沃尔玛的 Shoemaker 社长

零售业的课题是，制定好的计划、设计好的系统、实现包含制造商在内的革新。

④ Management Horizon 管理咨询公司的 Davidson 先生

人、空间、库存的生产效率对 PL（损益表）、BS（资产负债表）的影响很大，所以需要整体的系统和整体的方法。

❖ 业务改革的具体思想

在此，我只阐述几个要点。

环境意识

① 比起成长更加重视生存的时代。

② 只要企业拥有基础实力，随时都可以参与新的事业。

③ 真正的竞争对手是顾客的需求。

④ 业绩不佳是由于没有积极参与到环境保护中，没有夯实基础实力。

⑤ 现在是买方市场。要认识到零售业应引领的时代，并加以应对。

战略

① 以扩大均衡为目标。

② 以低成本、操盘手为目标，降低盈亏平衡点。

③ 纠正过去的习惯、矛盾和偏差。

组织

① 打造能够履行约定的企业体质。创造一种不妥协的企业文化，把工作和个人分开对待。

② 将权限交给店铺，创建一家完整的公司。

③ 责任分工的明确化。库存责任100%是店铺的责任。

④ 数字责任与评价制度的联动。

⑤ 外部顾问的组织化等。

方法

① 一切从个体开始。单品思想和单店思想。

② 从顾客出发，从店铺出发。

③ 在市场营销、MD政策等方面，谋求总部的统合。

❖ **管理控制**

基于以上的思考，伊藤洋华堂确定了以下四个管理控制对象。

① MD 和采购

例如，a. 重视合作伙伴。通过与伊藤洋华堂的合作，他们可以获得更高的利润。b. 按规格明细书订货和尊重合同。作为代价，要将商品的鲜度、未交货、交货时间等作为对象进行准确地交易。c. 制定 MD 的方针政策并实施具体的相关工作。d. 制定不同的采购人员的目标。

② 店铺运营

这方面的目标是：a. 建立所有库存为畅销商品的体系。b. 建立可以灵活扩大和缩小卖场的体系。c. 建立可实现 100% 兼职员工的体系等。这就需要在店铺开展员工工时和店铺运转的分析等工作。

③ 物流

a. 不持有库存也能做生意的体系。b. 指定交货和配送的细分化。c. 从店铺工作到安排交货日程等，以设定高目标。为此，掌握不同商品的物流成本、在哪个环节增加工时为最佳、研究共同配送、研究物流中心的工时分析等，作为相关性工作十分必要。

④ 促销

最后是关于促销的业务改革，要实现能够获取利润的促销。由于促销成本和库存的增加、损耗和降价的增加，以及工时的增加等，销售在收支上出现了负增长。另外，打着"招牌"旗号的促销是消极的，且制造出了相反的、负面的形象。为了打破这一局面，要实现促销计划与物流，以及店铺的人力物力体制的联动，应对以互联网为主的时代，缩短单页制作周期等改革目标。

6　P.F.德鲁克理论的比较

最后，我想把业务改革和单品管理经营与P. F. 德鲁克（Drucker）的理论联系起来。如果将其大胆地简单化，那么事业运营的基本将由五个部分构成。基本命题是确保永续性，事业目的是创造和维护顾客，事业理念是顾客满意，事业功能是营销和革新，作为资源制约的是人或组织、物、钱、知识或技术、IT或信息等。作为成果，以上五个部分就能确保企业的利润。

❖ 创造顾客

产品或商品和服务是先于顾客的。就算不制造产品，也能通过进货将商品销售给顾客。这一环节里存在库存。但是，商品或服务与顾客之间，即与市场之间往往会产生不匹配。结果就是，企业对不能按计划完成销售的商品进行降价，从而导致

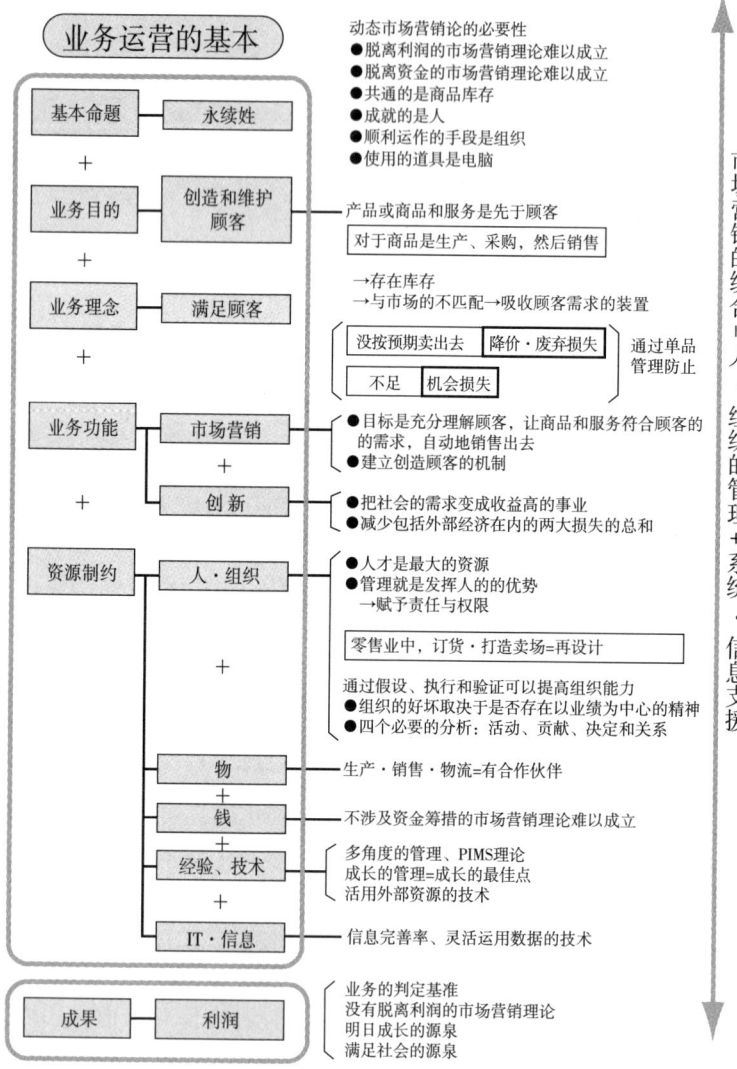

业务运营的基本

- 基本命题 — 永续性
- **+**
- 业务目的 — 创造和维护顾客
  - 产品或商品和服务是先于顾客
  - 对于商品是生产、采购,然后销售
- **+**
- 业务理念 — 满足顾客
  - → 存在库存
  - → 与市场的不匹配 → 吸收顾客需求的装置

没按预期卖出去	降价·废弃损失
不足	机会损失

  通过单品管理防止

- **+**
- 业务功能 — 市场营销
  - ● 目标是充分理解顾客,让商品和服务符合顾客的需求,自动地销售出去
  - ● 建立创造顾客的机制
  - **+**
  - 创新
    - ● 把社会的需求变成收益高的事业
    - ● 减少包括外部经济在内的两大损失的总和
- **+**
- 资源制约 — 人·组织
  - ● 人才是最大的资源
  - ● 管理就是发挥人的优势
    - → 赋予责任与权限

  零售业中,订货·打造卖场 = 再设计

  通过假设、执行和验证可以提高组织能力
  - ● 组织的好坏取决于是否存在以业绩为中心的精神
  - ● 四个必要的分析:活动、贡献、决定和关系

  - **+**
  - 物 — 生产·销售·物流 = 有合作伙伴
  - **+**
  - 钱 — 不涉及资金筹措的市场营销理论难以成立
  - **+**
  - 经验、技术
    - 多角度的管理、PIMS理论
    - 成长的管理 = 成长的最佳点
    - 活用外部资源的技术
  - **+**
  - IT·信息 — 信息完善率、灵活运用数据的技术

- 成果 — 利润
  - 业务的判定基准
  - 没有脱离利润的市场营销理论
  - 明日成长的源泉
  - 满足社会的源泉

动态市场营销论的必要性
- ● 脱离利润的市场营销理论难以成立
- ● 脱离资金的市场营销理论难以成立
- ● 共通的是商品库存
- ● 成就的是人
- ● 顺利运作的手段是组织
- ● 使用的道具是电脑

市场营销的统合 = 人·组织的管理 + 系统·信息支援

图 4-7 业务运营的基本

废弃损失。另外，商品不足会造成机会损失。但是，这一部分损失可以通过单品管理来预防。

❖ 事业功能

市场营销的目标是充分理解顾客，使产品或服务符合顾客的需求，使其能够自动销售出去，并形成创造顾客的机制。创新就是将社会需求转化为提高收益的事业。将外部经济卷入其中，减少两大损失（机会损失与降价和废弃损失）的总和。

❖ 资源限制

人是最大的资源。所谓管理，就是发挥人的强项。为此，必须在组织功能中嵌入责任和权限。通过假说、执行和验证来提高，作为零售业中一项的订货和卖场打造。组织的好坏，取决于是否存在以业绩为中心的精神。

从资金的角度来说，我想在市场营销理论中加入关于资金周转的思考。在 IT 或信息领域，伊藤洋华堂非常重视熟练使用数据的技术。

❖ 利润

  利润是事业的判定标准,脱离利润的市场营销理论是不存在的。利润是未来成长的源泉,也是满足社会的源泉。

7 提高假说与验证的精准度

❖ 排除滞销商品的目的和制约条件

从企业的角度来看，无论如何都要确保畅销商品和新商品的空间。在此基础上，就需要突出畅销商品和想要销售的商品，提高销售效率，进而增强盈利能力。这对企业来说，就是排除"滞销商品"的目的。对顾客来说，原本不快乐的，甚至是痛苦的购物体验也变得轻松快乐。另外，从员工的角度来看，使工作变得轻松，通过增加生产性的工作提高了生产效率，这也是排除滞销商品的目的。

话虽如此，我还是告诫大家不要因为是滞销商品就马上排除。因为商品是活的。原则上，如果不采取一切措施进行验证，就不能排除滞销商品。例如，在 ABC 分析中，A 可能不是 A，B 可能不是 B。换句话说，有时因销售机会损失而使 A 变成了 B 或 C。如果是同样的位置和同样的陈列量，那么 ABC 分析是有效的，但现实往往并非如此。所以，需要准确地判断。在验证不充分的情况下，武断决定排除滞销商品是很危险的。

❖ 建立假说的目的是实现零售业的科学化

为了实现零售业销售的科学化，伊藤洋华堂通过建立假说来推进工作。通过建立假说，探讨什么样的条件会对销售额和利润产生什么样的影响。

条件包括：① 商品的关联（价格弹性或替代互补关系），② 与环境的关系（社会环境、竞争环境等），③ 与消费者心理的关系，等等。通过观察它们带来的影响，逐渐积累知识，减少销售机会损失与降价和废弃损失，提高顾客的满意度。作为手段，建立假设说是不可或缺的过程。公司内部全体员工在使用以下语言，"没有假说的验证不过是'现象'，没有验证的假说不过是'臆想'，有假说的验证是走向'科学'的第一步"，员工把这个思想当作他们的行动指南。

零售业是劳动密集型产业，与其他产业的最大区别就在于此。也就是说，企业灵活运用了多少细微的员工智慧是极为重要的。

但是，突然要求员工做出高精度的假说是有问题的，是不可行的。逐渐提高假说的精度就好，比起执着于假说的精度而使员工变得过于谨慎，更为重要的是让员工重新回顾依照假说而采取的行动，然后进行相应的改正。应该由员工继续推动的行动就让其继续推动与扩大，这样的态度才是必要的。

❖ 伊藤洋华堂的假说和验证是模仿 7-ELEVEn 吗？

有人评价说，伊藤洋华堂的假说和验证是追随 7-ELEVEn 而来的。的确，尽管伊藤洋华堂和 7-ELEVEn 的基本思维方式相同，但在假说和验证的使用方法上存在差异，这可能是由于两者的业态特性差异导致的。

① 伊藤洋华堂商品结构的复杂性导致了假说精度的差异。商品结构差异的代表性商品就是生鲜食品。鲜鱼和蔬果有较大市场，且行情不断变动。而且，这些生鲜原材料并不是进货后就把它们整个卖出去，而是进行原材料的加工和再次生产。此时员工的工作能力会对商品的成品率和定价产生很大的影响，这一活动会涉及很多人员，这也是其复杂性之一。另外，

② 刺激消费者心理的方式也有差异。这就是从不进行促销的便利店，与定期大甩卖和宣传单促销的超市的区别。虽然不做促销的沃尔玛的每日低价在日本没有得到认可，但是日本

的顾客已经在潜意识中期待着超市的大甩卖。

③ 7-ELEVEn 在商品开发、商品供应能力，以及对合作伙伴的领导能力方面具有压倒性的优势。特别是拥有自主开发的商品和自有品牌（PB）的比重超过了 50%，所以 7-ELEVEn 就具备了可以重复订货的前提，这是 7-ELEVEn 与在自主研发商品方面无法满足店铺要求的伊藤洋华堂的不同之处。而这在很大程度上左右了两者验证的方法。此外，

④ 7-ELEVEn 从生产、物流到销售实行一条龙管理，已经发展成为制造型零售业。除此之外，

⑤ 7-ELEVEn 在信息系统、教育、小团体活动方面具有优势。

伊藤洋华堂和 7-ELEVEn 的这种差异得到了认可，所以自然而然地在假说和验证的方法上也产生了差异。

在钻石出版社的《供应链经营学》一书中，斯坦福大学的李教授这样说道："日本 7-ELEVEn 是在灵敏性、适应力、与合作伙伴保持利益一致性这三个方面都具备 A 级评价并享有竞争优势的企业最佳典范。"

不管怎样，伊藤洋华堂也意识到要建立自己的假说和验证，但与 7-ELEVEn 相比，在经营能力和验证方面存在差距是不可否认的事实。

8 补论

到这里为止，我已经阐述了伊藤洋华堂的业务改革以及作为其基础的单品管理。在此，我将从其他角度对其进行进一步的探讨。

❖ 不同企业单品管理的独特性

首先，单品管理是以信息技术为前提，通过POS将信息汇集到总部的系统中是单品管理具有代表性的模式，但也有企业采用自己的方法进行单品管理。

SHIMAMURA（一家日本服装连锁店）的单品管理是，按照服装品类，由采购员负责把采购进来的商品全部销售完的"谁采购谁负责售完"的管理机制。一言以蔽之，并不是只有重视店铺和现场组织能力的伊藤洋华堂的单品管理形式才是最合适的方法。不同的企业，其管理方法也各不相同，其差异程度或许接近于制造之间的架构差异。

伊藤洋华堂的经营体系，反映了创始人的思想和伊藤洋华堂往后的历史等。同样地，其他企业的经营体系也深藏着作为各企业理想智慧的经营理念和经营哲学，反映了企业的独立性，所以不能对各企业的经营体系进行简单的比较。在岛村，采购人员会将商品在不同店铺之间转移并售完，以减少损耗。Onward（日本最大时装集团之一）和优衣库在库存、断货的处理方法上也不同。不能说哪一种方法更好，因为它们只是展示出了管理方法的多样性。

伊藤洋华堂通过获得以单品管理为中心的店铺应对变化能力，来应对业态层面的淘汰。店铺向总部反馈店铺信息运用的主要目的是生产接下来的商品、掌握顾客的不满和需求。此外，伊藤洋华堂也非常重视品类管理。也就是说，通过单品管理使商品管理不陷入局部，而追求整体品类的最优。

像这样，如果不了解每个企业的独特性和单品管理的实际情况，就无法探讨单品管理的方法。

另外，欧美企业主要采用定位系统（由总部主导的店铺选品、提供和补给商品的系统）。这一系统是否适用于日本，值得商榷与持续关注。

❖ 企业延续的新陈代谢

企业会根据需要来迭代和进化管理系统，以谋求自身的存续。但是把顾客放在第一位的原则没有改变。伊藤洋华堂也通过各种各样的改变和进化来适应环境，但"生意就是不让顾客感到厌倦"这一原则始终没有改变。为了实现这一原则，企业要不断地迭代和进化管理系统，但其方法因企业而异。例如，美国利用信息系统实现了彻底的标准化，其目的也是"不让顾客感到厌倦"。有时，其结果也会产生与顾客的不匹配。

从丰田生产方式的角度来看，丰田是通过对生产现场的常规流程进行新陈代谢，使组织得以长寿的案例。通过事业部的新陈代谢，GE（General Electric Company，美国通用电气）作为多元化企业得以留存下来。在硅谷，许多企业自身也在不断地进行新陈代谢，而作为IT尖端产业，这些企业也仍然在不断地进化求生存。回到伊藤洋华堂中，虽然依然存在店铺，但店铺内部已经发生了新陈代谢，产生了新的系统。

然而，我们必须认识到一点，为谋求企业的存续而实行的新陈代谢的方式因企业而异。

❖ 制造业与流通业的造物差异

在此，我想基于藤本隆宏的著作，将制造业的制造与伊藤洋华堂的制造进行比较。

过去，伊藤洋华堂导入了丰田生产方式（TPS），并改善了库房（关于这一点，松尾的论文中有详细介绍）。但是，对于零售业来说，现场不仅包括库房，也包括集中体现企业看得见的竞争力的店铺。因此，TPS通过提高生产效率，降低成本，以及提前交货，为顾客做出贡献，而在伊藤洋华堂的面对面销售现场，却不得不花费看似与提高生产效率背道而驰的工夫。与试图将浪费最小化的TPS相比，从消费期限和打招呼等方面来看，会发现这是阻碍生产效率的现场。但是，这种做法能够获得顾客的满意度和真实感，从而最终提高生产效率。

以生产效率为基础的现场改善方案——TPS，为伊藤洋华堂的库房带来了改善，从面对面接待顾客这一现场进行构思的伊藤洋华堂，或许能够提出一些制造方面的方案。

第 5 章

开拓流通业的明天

——假说与提出问题

在 1977 年度的决算中，伊藤洋华堂在连锁行业首次突破了 100 亿日元的经常利润。1980 年度的经常利润为 229.67 亿日元，这也使伊藤洋华堂超过三越，成为日本第一的零售商。

信用评级公司对伊藤洋华堂的财务内容进行了评价，1977 年 8 月标准普尔的信用等级为"A"，1981 年 7 月为"A+"，1985 年 7 月为"AA"，1988—2002 年的普通公司债券也高达"AA"的信用等级。作为参考，业绩的变化如图 5-1 所示。

1993 年，伊藤洋华堂不幸地发生了总会屋事件，在任的伊藤雅俊社长被迫引咎辞职。员工顿时失去了精神支柱，业绩开始走下坡路，再加上泡沫经济的破裂，伊藤洋华堂的经营更是雪上加霜。

相较而言，伊藤洋华堂在零售业中一直处于优势地位。这是因为伊藤洋华堂自创业以来一直保持着"重视经营质量"和"以顾客为本"的经营体质。然而，伊藤洋华堂的优势终究只是处于相对的水平，遍及整个零售业的低迷也给伊藤洋华堂的业绩带来了压力。在此，我在概述零售业经济状况的同时，也会探究造成业绩低迷的主要原因，并进一步探寻度过这一艰难时期的可能性。

一贯致力于不断推进业务改革的革新活动并及时应对时代变化的伊藤洋华堂为何会甘于现状呢？这里指出的虽然不属于试论的范畴，但希望能对各位相关人士产生启发。

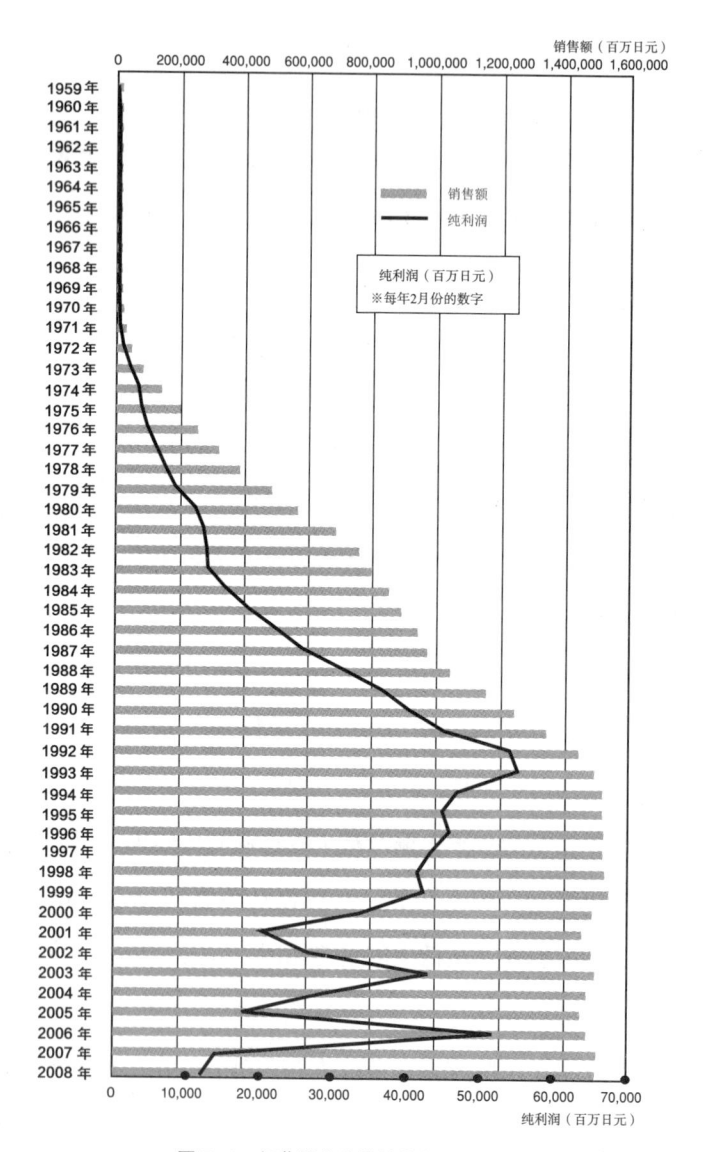

图 5-1 伊藤洋华堂的销售额和纯利润

1 低迷的原因

与丰田"改善"齐名的伊藤洋华堂的业务改革,即所谓的业革,从1982年以来一直在持续推进。虽然业务改革持续推进了这么长时间,但为什么伊藤洋华堂的业绩还是没有恢复呢?我能想到的主要原因就是经营环境的变化、提高单品管理效果的前提的退化、作为经营管理方法的品类管理的缺失,以及日本的流通风土和本公司政策之间的落差。

❖ 经营环境的变化

谈到本应培养自身应对环境变化能力的伊藤洋华堂,虽然将业绩不佳归咎于环境的变化让人有些本末倒置的感觉,但当时的确是受到了不小的影响。可以说环境的变化是主要原因之一。

① 经济衰退

日本经济增长率的变化是作为观察日本经济发展趋势的指标。从长期的趋势来看,随着经济从高速增长期向稳定增长期、低增长期的转变,经济增长率出现了阶段性的下降。

从伊藤洋华堂开始业务改革的1982年一直到1990年,日本经济就一直保持着高速增长,但1990年之后泡沫经济开始破裂,1993年、1998年和2001年的经济增长率呈现负增长。

② 存款利率下降

随着经济增长率的下降,银行利率也下降了。

从短期拆借利率的横截面来看,1980年的利率为10.93%,之后开始逐年下降,1985年、1990年、1995年和2000年的利率分别为6.46%、7.24%、1.16%和0.10%。而存款利率也随之下降。从长期国债(10年)新发债券的收益率来看,1991年的收益率超过了8%。然而,这一趋势持续下降,直到1997年增长率跌破了2%,变成1%左右。利息所得瞬间消失。这对消费者心理产生了很大的影响。

③ 增加服务性消费支出

消费者对物品的支出和对服务的支出发生了逆转。假设1996年的整体消费为100,则2005年的整体消费为101.9,其中,在物品上的支出仅为90.8,而服务支出竟高达112.3。服务支出占整个消费支出的比例达到了55.3%(表5-1)。列举一个具有代表性的数据,那就是在伊藤洋华堂的阿里奥八尾店,商品销售以外的销售额构成比例达到了55%,这一数据象征着消费支出从物品转向了服务。

④ 商品价格的下降

随着全球化的推进和竞争的加剧，商品价格大幅下降。其中一个原因就是中国的崛起。中国成为世界的制造工厂，日本国内市场正在加速进口和销售中国商品。其中，最具代表性的商品就是服装。随着商品单价的下降，销售额也随之下降，在地租和人工费等成本高昂的日本，其成本吸收能力在不断减弱，盈利能力也受到挤压。

随着以销售国民商品摇粒绒而闻名的优衣库等新兴势力，和GAP等企业的加入，价格竞争愈加激烈。即使伊藤洋华堂追求的是价值，而不是价格，也无法抗拒商品价格下降的潮流。

表5-1 日本、美国的消费明细（2005年）

	日本			美国		
	10亿日元	对GDP	对消费	10亿美元	对GDP	对消费
名义GDP	502479		12456			
消费	288627	57.4		8742	70.2	
耐久物品	25202	5.0	8.7	1033	8.3	11.8
半耐久物品	20245	4.0	7.0			
非耐久物品	75249	15.0	26.1	2539	20.4	29.0
服务	159482	31.7	55.3	5170	41.5	59.1

❖ 经营管理技术的漏洞

伊藤洋华堂将单品管理作为经营战略的核心是有前提条件的。要确保商品的供应，稳定的单品管理不会因为大促等原因而中断。另外，如果管理不善，很容易陷入追求局部最优的倾向。例如，如果对商品结构和选品的方针不明确，负责人就会只关注自己负责的领域，而不考虑整体。如果有位于单品上层的基于品类的政策，就可以弥补这种单品管理的缺点。例如，可以很容易进行 MD 等的整合，也可以很容易进行计划性的工作。

① 单品管理前提条件的崩塌

要想顺利发挥单品管理的功能，需要具备三个条件。首先是店铺订购的商品要按照订单准时到货；其次是单品管理的假说、执行和验证的稳定节奏，不会因为总部的促销商品而崩溃；最后是方针、培训以及系统支援的统合。

② 无法持续的商品补给

以日配食品为代表的食品，可以立即接受店铺的订单和订货，但是服装除了内衣、袜子等，不一定都能按照订单交货。如果到货的是订购商品的替代品，或者订购商品的尺寸和颜色没到齐，这都是所谓的未到货。原因是随着泡沫经济的破裂，销售的不透明度逐渐扩大，导致回避市场风险的倾向愈发高涨，使得小批量生产成为主流。零售商的破产、合作以及合并等带来的不稳定性在一定程度上也改变了供货商和生产商的生产态度。

③ 假说、执行和验证节奏的崩塌

单品管理是以建立假设、执行和验证的节奏来提升效果的稳定扎实的组织活动。但是，如果商品卖不出去，就会增加大甩卖等促销活动。虽然这样能取得短期的销售效果，但是也容易变得依赖单页来促销。这样一来，什么时候、什么商品、到多少量等店铺阶段性的详细计划就会变得难以理解。即使能够对主力商品等一部分商品进行假说和验证，也很难掌握所有商品的选品。这导致的结果就是稳定扎实的单品管理节奏容易崩塌。

❖ POS 带来的负面影响

① POS 的效果

a. 以顾客为出发点引导商品开发流程

POS 不仅被应用于零售行业，还被广泛应用于各行各业，可以说是近年来技术的革新之一。POS 促使商品开发流程从

"生产商到零售商"转变为以顾客为起点的"从零售商到生产商"。零售商可以根据POS所掌握的数据，有说服力地传达顾客的需求。通过基于POS数据的商品开发方法，可以减少市场风险，防止因滞销商品的产生（废弃损失）而导致利润的下降。

b. 防止断货（机会损失）的对策

准确地应对顾客的需求，可以有效地抑制机会损失。通过分析POS数据，可以掌握总部对店铺重复的订货做出了多大程度的应对，也可以根据这个比率来衡量该商品机会损失的大小。从比品类更细微的单品来看，机会损失之大令人吃惊。

c. 提供购物支付的便利和消除错算

这不仅有助于应对信用卡社会，还可以防止因收受现金付款而产生的错算行为。另外，还缩短了支付货款的时间，有助于提高生产效率。

② POS的弊端

a. 商品特性和兼容性的统一化

服装、家居相关商品、食品等的商品生命周期都不同。服装分为衬衣、毛衣、内衣、袜子等，这些也都不一样。食品中的加工食品和生鲜食品在消费期限、保质期以及销售期限方面也不同。但是，如果不考虑这些差异，一律用POS数据来判断销售情况，就会妨碍商品的培育。根据商品的不同，需要以小时为单位、以日为单位、以月为单位分别进行管理，但也有可能不这样做。

b. 成本承受能力的差异

GMS 的平均商品单价是，服装约为 2500 日元、食品约为 250 日元。单品管理所需要的成本承受能力因商品而异，由于 POS 费用与商品单价无关，稍有不慎就容易让人忘记这一认识。

c. 人机系统平衡了吗

例如，家庭主妇通过记账可以掌握金钱观念。由于引入了 POS，现场的人不再像主妇记账那样踏实地工作，他们的智慧、创新能力和思考能力也都在逐渐减弱。引入 POS 是不是让员工丧失了思考的习惯和能力呢？

d. 零售、批发、物流、生产商小额（少量多次）应对的成本增大

应对多频率、小批量的生产，是否增加了成本呢？POS 必须协调"速度经济"与成本的平衡。

◆ 品类管理

品类管理是有效引导单品管理的方法。

① **与合作伙伴组建商品开发团队**

以品类为基础，与合作伙伴进行团队 MD 就会变得容易。如果以单品为基础，从一开始就很难和合作伙伴组建团队。

② **商品个性的契合度**

如果将商品分为以服装为代表的时尚商品、内衣及袜子，或日用品等基础性商品，牛奶面包和零食等日配商品，以及肉类、蔬果、鲜鱼等生鲜商品的话，可见单品管理的难易程度和其效果并没有保持一致。总的来说，日配商品和生鲜商品更适合单品管理。

❖ 兼顾单品管理和品类管理的必要性

为了消除单品管理容易陷入的问题点，而实行高效的单品管理，我们需要将单品管理和品类管理结合起来加以运用。由于品类管理看起来是对单品管理的否定，所以容易被轻视，但实际上两者是相辅相成的市场营销策略。

① **品类管理的功能**

品类管理具备将零售业的采购和 MD 功能相整合的功能。零售商和供应商应该管理好整个需求链（Demand Chain），以顾客为聚焦点，制定不同品类的商品计划，管理的是双向的商业活动。也就是说，一方生产畅销商品，另一方采购畅销商品，双方根据品类的特征分配资源，共同开发战略性的品类计划，以及优化促销等。

② 供应链管理

从供应链管理的角度来看，与进行有效的商品补充、有效的生产计划的功能有关。与合作伙伴进行团队 MD 也是如此，出发点是以品类为基础，然后再分解成以单品为基础，这样就比较容易与合作伙伴组建团队了。

❖ 日本的流通风土与政策的不匹配

① 应对以退货为常态的服装

在以服装为主的百货商店、服装专卖店和超市中，退货作为普遍的商业惯例被认可。在这样的日本惯例中，原则上伊藤洋华堂的所有商品不退货的做法，比过去任何时候都伴随着更多的风险。因为随着商品生命周期的日益缩短，店铺更容易出现滞销商品。在销售和处理这些滞销商品的过程中，店铺就会产生巨大的降价损失。如果没有优秀的商品开发能力、采购能力以及合作伙伴的大力协助，就无法解决这类问题。因为不可能有绝对的解决方法，所以滞销商品和降价损失的产生是不可避免的，但为了尽量避免这种情况的发生，我们有必要在商品的合理范围内讨论退货问题。

② 应对缺乏合理性的交易条件

日本流通风土的特征中，有几个不合理的方面。例如，有交易条件不明确的地方。伊藤洋华堂不执行合同以外的退货，采购商品的货款是现金，每月支付两次。与经常退货，并用开票日期过去 90 天或 210 天的票据支付商品费用的公司相比，交易条件的差异似乎不大。另外，采购成本很少被交易量所左右。因此有必要摸索更有效率的交易形态。

③ 摸索降低市场风险的经营方式

伊藤洋华堂为了不给来店的顾客造成不便，从不断货。也就是对企业来说为避免销售机会的损失，不允许"商品已售罄"，但采取这种政策的企业并不多。另外，承担不退货的风险和卖剩商品产生降价损失的企业也不多。像伊藤洋华堂一样，所有商品都要承担市场风险的经营模式恐怕很难持续下去了。对于难以处理、生命周期短的女性服装等，是不是应该重新审视和探讨一下每个商品的合同条件呢？

❈ 象征幸福的鸽子标志消失了

随着 2005 年伊藤洋华堂转变为纯控股公司，作为事业公司的伊藤洋华堂取消了鸽子的标志。然而，由红、白、蓝组成，长期以来连孩子们都很熟悉的标志的消失，是不是导致了顾客的流失呢？当然，控股公司的标志和事业公司的标志可以是不同的。虽然无法分析顾客数量的变化，但有必要对餐饮企业 Denny's、超市 yorkbenimaru 等进行验证。

2 针对零售业的未来提出假说和问题

我从事零售行业约有 50 年了。在零售业长期业绩不佳的情况下，伊藤洋华堂进行了 M&A（合作、合并），并成立了控股公司。鉴于这种状况，在本书的最后，我想大胆地提出自己的假说和问题。

❖ 持续寒冬的零售业

从近年来零售行业的状况来看，可以称之为"持续寒冬的零售业"。由于泡沫经济的破裂导致经济长期低迷，很多企业都在苦苦挣扎。从 20 世纪 60 年代到 80 年代，在经济高速增长和大众消费社会的支撑下，许多企业成长了起来，但泡沫经济的崩溃暴露了企业的真正实力。虽然失败的原因是多方面的，但本质上还是丧失了作为企业应有的经营能力。

纵观零售业的"寒冬程度"，随着产业的成熟化，综合超市现有店铺的销售额增长率从 1992 年开始逐年下降。据日本最大的零售业集团、日本连锁行业协会的统计，2006年年底加盟协会的83家店铺的总面积共计2307万平方米，比1989年年底增加了2倍。另一方面，全店的销售额在1996年度达到最高峰后持续下降，之后虽然有所回升，但2006年度仅达到14兆216亿日元，与1998年（13兆1862亿日元）持平。如果在销售额减少的情况下扩大店铺面积，那么销售效率就会下降。从每平方米的销售额来看，1991年度达到最高峰（约为120万日元），但2006年大约减半到60万日元（日本经济新闻《原来如此，商业Time》）。

日本百货店协会于2008年1月18日公布的2007年度全国百货店销售额为7兆7512亿日元。现有店铺的销售与前年相比减少了0.5%，从1997年开始连续11年每年打破前一年销售额大关。但由于秋老虎天气持续，秋冬服装的销售不佳。美国信用度较低的个人用住宅贷款（次级抵押贷款）问题带来的股价下跌，导致高价商品的销售也停滞不前（日本经济新闻2008年1月19日报道）。

2006年仍然持续着严峻的经营环境，全年度214家店铺的销售额与前一年相比减少了0.5%（日本经济新闻2007年7月15日报道）。

作为成长型业态的便利店行业，大型店铺数量超过了

43000家，自2004年8月以来，除了2006年6月，店铺销售额与前一年相比也在持续下降（日本经济新闻2007年1月4日报道）。

另一方面，根据日本购物中心（shopping center，以下简称"SC"）协会，在SC内作为租户入驻的专卖店的销售额2006年1—11月累计，与前一年同期相比增加了1.1%。线上销售稳健，包括2006年虚拟商店街在内的电子商务（EC）事业全体的销售额，比前一年同比增加了30%以上，超过了4000亿日元。

在个人整体消费中，旅行等服务的比重从1994年的50.7%上升至2006年的57.5%（与7—9月相比）（日本经济新闻2007年1月23日报道）。可见消费结构发生了变化。

❖ 动摇的流通政策和盲目相信"规模经济"

一个国家的流通机构由国家的面积、人口、运输系统以及社会体制等因素形成，而经营的思维方式是由人种构成、国民性等因素形成的。以日本为例，它是由世界第一的官僚、以"夫妻小店"为主的零售结构，以及企业家的意识和行动复杂地交织在一起而形成的。

① 流通政策

严格来讲，日本的流通政策具有很大的动摇性，有时甚至会出现崩塌。

1959年通产省开始提倡促进流通近代化，随后学者们高举流通革命的旗帜，批发商无用论等也随之兴起。

1973年《百货店法》被废除，取而代之的是《大店法》（关于调整大规模零售店铺中零售业业务活动的法律）设立，并于第二年开始实行。从百货店的角度来看，《大店法》是把大型零售店放在同一个条件下；对大型店来说，《大店法》可以束缚同业间的开店竞争；对中小零售店来说，则是受到了保护，所以这是对三方都有利的政策。

但是，大型店和中小商之间的纠纷却从来没有停止过。1978年，中小零售业事业活动的"公平"调整遇到了困难，限制开店的宣言从城市扩散到62个村镇，成为社会性问题。我认为这是因为《大店法》产生的"妥协下的产物"。就这样，开店限制得到了强化。

1981年，通产省发布了"限制大规模零售店申报"的通知，这导致新店申报数量剧减，第二年，对大型流通企业的总店铺面积进行了个别管制。除了加强限制以外什么都没有。对中小店的暂时性保护，使得商店街被嘲笑为"卷帘门街"，并导致商店街今日的衰退。

1980年以后,日本政府从强化管制转变为放宽(废除)限制。为了避开美国和欧共体诸国对日本市场是封锁性市场的批评,1992年日本政府修正了《大店法》,并采取了放宽限制的措施。虽然《大店法》并没有成为进口外国商品的壁垒,但抵抗外部压力能力较弱的日本还是决定修正《大店法》。

后来,日本政府分别在2000年和2006年颁布了《大店立地法》《改正城市建设三法》。虽然地区社会和环境的协调才是关键,但这也算是一种改变形式的限制。

② 企业家的意识和行动

大型店的创始人怀揣着将来能够逐步建立大规模连锁店的梦想而反复去美国考察。伊藤洋华堂的创始人伊藤雅俊先生就是其中一位,他致力于发展连锁店。学者和顾问都强调"规模经济"。因此,各企业利用所有能够利用的经营资源,甚至有点超乎能力范围地为扩大销售规模而努力奔走。从1965年开始发生了第一次重组(合并、合作),1975年又发生了第二次重组。让我们回顾一下企业与国家及流通政策之间的联系。

经过了1973年第一次石油危机后,日本政府在1974年采取了限制投资和抑制总需求的措施。与实施《大店法》的时期相同，就像眼看就要开不了店似的，各企业争先恐后地去开店。再加上合并或合作带来的竞争，不难想象这必将会导致企业经营的失衡。在1981年通产省的自律通告、实质许可制以及1982年的个别限制框架下，各企业的开店数量锐减，资金计划、人员招聘计划、商品采购计划以及物流计划等也都被重新调整。

虽然1992年管制缓和，开店竞争再度爆发，但在大量囤货积压的情况下，企业面临着泡沫经济的崩溃。此时，房地产投资额已经很高，再加上开店之前的准备时间过长和激烈竞争，导致企业收获的时间过短，进而引发利润率和财务结构的恶化。当时，许多企业被迫申请《公司重生法》《民事再生法》《产业再生法》。

长期的成长导致了经营的扭曲，现在正是再次确认成长管理重要性的时候，以寻求增长和稳定的均衡。

③ 中小商店街

日本的零售业有超过123.8万家商店。其中2人以下的商店有54万家，3—4人的商店有28.9万家，9人以下的商店有104.8万家（2004年商业统计）。虽然中小型店曾经经历过大型店的开店限制，但店铺和商业街的业绩却没有好转。大型店和中小店应该在相互共存的基础上，努力实现企业的活性化。

❖ M&A 不适合零售行业

1965年出身于关西的大荣公司，在进军关东（东京）时收购了一德。以此为契机，在日本零售业，M&A 进行得更加频繁。1965年大荣率先进行了第一次重组，在1975年也进行了重组。1969年，冈田屋、FUTAGI、SHIRO 合并诞生了 Jasco。2005年，伊藤洋华堂收购了崇光百货和西武百货。Jasco（现永旺）支持并收购了 Mycal，并于2006年入股了大荣。

① 否定的理由

像这样，几次重组浪潮席卷了零售业，但零售业的 M&A 真的能给企业带来成功吗？也许是有点结果论的意思，但从30—40年的跨度来看，我并不认为它一定会给企业带来成功。为什么呢？最直接的原因就是：a. 立地、店铺规模和结构以及商品结构的不同。b. 开店区域、扩大兵站以及事业的复杂性。从经验来看，店铺经营和管理的难度，与距离成正比。c. 零售企业由不同的店铺构成，但并非所有店铺的收益都在上升。另外，从店铺来看，也并不是所有的卖场都是能盈利的卖场。而 M&A 将这些鱼目混杂的店铺和卖场全部接收过来，这里存在不可控的风险。

在这样的前提下，我认为 M&A 不适合零售行业的间接因素和本质因素有以下几点：

a. 零售业是劳动密集型产业。不易被察觉的员工心理对业绩有很大的影响。例如，虽然表面上提倡对等合并，但合并中不可能有真正的对等，员工看穿了主仆关系，越是强调对等，员工的心就越远离公司。另外，过去处于优势地位的企业，如果其立场被逆转，则该公司员工的屈辱感会非常强。在这种情况下，合并企业的双方优势就无法得到良好的发挥。

b. 与合作伙伴的协调遇到困难。每个公司与合作伙伴之间都有人或历史上的关系，即使合并了，也不能一次性实现统一的管理。而且，零售商有众多合作伙伴。

c. 由于合并公司不同，以及各自长期形成的公司管理特性、重点、价值观也不同，所以会导致体系整合时的困难。

d. 即使改变了店铺形象，也很难改变其在顾客心中的印象，这是主要原因。

② 关于规模优势和规模经济

很多企业经营者盲目相信企业规模（销售额）越大，交易条件就越好。但是，随着交易金额和交易量的增加，比较有利的商品是内衣、袜子、儿童服装等一部分服装，加工食品

（饼干、罐头、调味料等）、饮料等，以及其他商品，包括香皂、洗涤剂、电池、电灯泡等。而生鲜食品，例如肉、蔬菜、水果、鱼等大量购买的话，是会导致价格上涨的商品。实际情况是，出现规模效应的商品在销售额（采购成本）中所占的比例并不大。

③ 经济的发展阶段与 M&A

在经济高速发展的时代，收购和合并比较有利。在销售额能够治愈一切的时代，顾客追求价格（便宜）和数量，这被认为在提高零售业竞争力的时代是有效的。在时代、经济发生了质的变化时，如果推进 M&A，很有可能在彼此经营资源最薄弱的地方以及企业的弱点上导致经营破产。

采购能力、商品开发能力、销售能力和全部售罄的能力、管理能力、店铺开发能力、资金能力、信息储备能力、系统能力，以及人员能力，缺了其中一个都容易导致经营破产。请不要忘记，合并的"协同效应"中也有"负协同效应"。三越和伊势丹企业在合并时，期待着怎样的协同效果呢？在超市行业，Jasco（现永旺）自 1995 年以来一直积极地、多次地进行合并和并购，但现在已经发布了转变企业战略的通告。我特别想关注一下永旺的合并去向。

前面提到了零售业寒冬的原因，也提到了被摇摆不定的日本流通政策所左右的企业经营者，除此之外，M&A 也可以说是给企业带来困难的主要原因。虽然当时不幸地发生了阪神·淡路大地震，但率先大胆进行 M&A 的大荣公司面临经营困境的最大原因，可以说是包括多元化在内的以扩大经济规模为目标的 M&A。

④ 伊藤洋华堂的事实

伊藤洋华堂的店铺收购和开店方面，大多是与当地企业合作。从比较大型的案件来看，a. 1978 年 5 月与新札幌松坂屋进行业务合作，成立了 York Matsuzakaya（株）。在 1979 年 4 月重新改装开业，尽管多次注资，但仍在继续亏损。b. 1980 年 6 月，在大森京成开店，但因持续亏损，卖给了大创，换来了附近的新店。c. 1978 年通过业务合作变成伊藤洋华堂子公司的大熊（神奈川县茅崎）折扣店也没能取得预期的效果，2002 年承受着变卖损失将全部股份出售给了山田电机和野村证券。

解除合作的小型案件也很多。阅读完以下的清单后，大家应该就能很好地理解在零售业中 M&A 成功是不容易的。

以下记录了大荣公司在日本国内的主要并购案例。

1980 年 5 月　大荣与中小型超市联合体的 CGC　Japan 全面合作

1981年8月　十字屋加入大荣集团，展开广泛的合作

1981年9月　Uneed和九州大荣合并，推出新Uneed

1991年3月　大荣发表公开收购Maruetsu（丸越）股票

1991年12月　大荣与忠实屋达成资本、业务合作的一致，忠实屋成为大荣旗下的子公司

1992年5月　大荣公开宣布注资Recruit（2005年5月出售持有的Recruit股份）

1997年2月　大荣从Yaohan Japan公司获得国内16家店铺

2003年3月　大荣加强与Maruetsu的合作

近年来，永旺一直很活跃，主要的案例如下所示。

1976年8月　并购扇屋

1997年10月　声明支持Yaohan Japan（八佰伴）的重建

2001年9月　Mycal成为永旺旗下的子公司

2006年3月　便当·熟食Origin东秀成为永旺旗下的子公司

2006年10月　丸红、大荣和永旺三家公司为了支援大荣，进行资本和业务合作

永旺从丸红和大荣获得了股份、业务合作的"独占交涉权"（主要是将丸红持有的大荣股份的15%和大荣持有的Maruetsu 股份的 20%转让给永旺）

2008 年 1 月　JR 东日本开展在车站大楼开发和运营方面的业务合作

2008 年 3 月　向大型制药公司 CFS 出资 33%

与 Kasumi、稻毛屋等食品超市也进行了资本合作

百货店的案例

2001 年 2 月　宣布与崇光百货、西武百货进行全面业务合作，2003 年 6 月成立千禧年百货

2005 年 12 月　7&I 控股公司与千禧年百货公司进行业务合作和合并经营（2006 年 6 月实行完全子公司化和合并经营）。崇光百货+西武百货的销售额为 9665 亿日元

2006 年 9 月　阪急控股公司和阪神电气铁道于 10 月 1 日合并经营，并成立阪急阪神控股公司。阪急+阪神百货商店的销售额为 5068 亿日元（2006 年度）。诞生 H2O 控股公司

2007 年 8 月　三越和伊势丹就合并经营达成大致协议：销售额、店铺数都成为业界第一（1 兆 5859 亿日元）

2007 年 9 月　J. Front Retailing（大丸+松坂屋）诞生了（1 兆 1737 亿日元）

根据美国咨询公司的一项调查显示，"7 成的 M&A 都是失败的"。日本企业的经营者开始寻求避免统合以及合并后失败

的方法(《日本经济新闻》2006年9月30日)。

⑤ 从海外看日本并购

美国经济报《华尔街日报》和英国经济报《金融时报》均报道称,"伊势丹将斥资26亿美元(约合3000亿日元)通过换股方式收购三越。"三越和伊势丹虽然宣布了"合并经营",但在欧美传达的是"收购"甚至是"交换股份"。讲究"对等合并"的日本,即使在财务上出现一方收购另一方的情况,也不愿意使用"收购"一词。另外,将"对等合并"正当化的便利方式是联合控股公司的方式。

三越的股东每持有一份股份就会得到0.34股伊势丹的股份。也就是说,收购价格是伊势丹的股价乘以0.34,再乘以三越已发行的股份数,即为整体的收购价格。以2007年8月23日为基准,伊势丹的股价1678日元×0.34×三越已发行的股份数51500万=约2938亿日元,这就是伊势丹给三越发起的价格。三越的股票市价总额为2869亿日元,溢价率仅为3%。M&A的目的是通过共同开发商品和整合重复的业务,取得协同效应。在此前提下,合并后的市价总额必须要超过合并前的市价总额。如果低于合并前的市价总额,就会在市场上受到"负协同效应"的评价。

❖ 过度鲜度竞争的矛盾

食品造假问题多发。在全日本近30个都道府县的土特产中发现了一连串的造假事件。因Peko酱而被大家所熟知的"不二家"的鲜奶油(保质期造假)、北海道的"Meat Hope"(原料造假——在牛肉馅里混杂了兔子肉和鸡肉)、大阪的"船场吉兆"(产地造假)、三重县的"赤福饼"(生产日期造假——把冷冻饼的解冻日期作为生产日期)等。麦当劳和卖烧麦的崎阳轩也出现了标识错误和更换日期的情况。

食品造假的本质原因是什么呢?卖方(零售商)、生产者(制造商)、买方(消费者)以及行政部门都没有各自的问题吗?例如:

①**行政**:与标识相关的法律有《食品卫生法》(厚生劳动省)、《JAS法》(农林水产省)、《纪念品标识法》(公平交易委员会)、《不正当竞争法》(经济产业省)、《健康增进法》(厚生劳动省)等。一旦发现伪造行为,多个省厅和都道府县、警察、保健所将展开调查和搜查,并给予行政处分。据报道,关于赤福的造假,最初农林水产省依据《JAS法》下达了改善指示,后来三重县伊势保健所以违反《食品卫生法》为由无限期地停止赤福的营业。为了让普通消费者更容易理解,需要各

行政部门的横向协作（消除纵向行政的弊端）、修正不合理的法律法规等。

② 零售商和制造商：作为卖方，为了食品的安全和安心而努力奋斗是理所当然的，但即使做到了这个前提，为了销售商品，也有可能把保质期设定得太短，成为造假的温床。将本应是6天保质期的面包设定成"保质期是3天"之类的，放在冰箱保存的话，鸡蛋可以有1—2个月的保质期，过度地设定成鸡蛋装盒后的12—14天。面包和鸡蛋的保质期设定得短一些的话，对于那些看重商品鲜度的顾客来说，比较容易售出，同时具有促销的效果。需要注意的是：a. 要纠正不合理的保质期、消费期以及销售期限的设定。b. 不要过度通过营销战略诱导消费者。c. 尽可能地减少食品的废弃。d. 冷静判断只过期几个小时的商品的废弃损失对门店收益产生怎样的影响。e. 为降低生产、配送、销售全流程的成本而努力。

③ 消费者：消费者对消费期、保质期的偏执是日本食品疯狂造假的主要因素。盲目地相信新鲜、安全和高端是一种扭曲的取向。即使过了保质期和消费期，在家放几个小时、放几天，从最早期的食品开始吃才是现实，日本已习惯了饱食文化，但世界上饿死的人很多，像这样大量扔掉还能吃的食品的饮食生活并不是明智的消费者选择。摆脱对消费期和保质期的

执拗，不被期限标识牵着鼻子走。希望消费者对这些有所了解。

④ **经营的问题**：a. 过度的消费期限和保质期导致大幅降价和废弃损失，挤压了公司的利润。b. 生产、配送以及销售方面，不得不做到多次少量的生产和配送，会造成浪费。c. 需要考虑食品废弃物和食品回收法。是不是有必要拿出稍微降低食品安全门槛也没关系的勇气呢？

另外，最近曝光的三笠食品公司销售的"问题米"等不在本文的讨论范围之内。我们应该严厉追究相关企业家的责任。因为这是绝对不允许的反社会行为。

伊藤洋华堂很早就开始实施蔬菜、水果、牛肉、鲜鱼的原料和原产地标识的"可追溯性"。零售和生产商等所有相关人员都要知晓并彻底强化食品的安全和安心。

第 6 章

中国事业

——跨文化经营的转移

第 6 章 | 中国事业——跨文化经营的转移

伊藤洋华堂的业务改革和作为其核心的单品管理，给予零售业为代表的众多企业带来了巨大的影响。但是，这些模仿未必带来了企业的成功。因为这是伊藤洋华堂自创业以来培养起来的企业基础，是由企业的经营思想所支撑的，没有掌握这一基本思想的模仿是无法取得成功的。只有在经营思想中具体的三个企业宗旨的支撑下，将企业宗旨渗透到包括兼职员工在内的员工中，才能持续不断地进行业务改革。

即使是在将经营管理技术转移到拥有不同文化的中国的过程中，伊藤洋华堂也能深谙以经营思想为根本的重要性。在中国，伊藤洋华堂也采取了符合顾客特点的"单店主义"，但这并不是一味单纯地迎合当地的特点，而是从根本上将伊藤洋华堂明确的经营理念转移到中国的店铺。为了更好地转移管理技术，必须首先转移作为其基本的思想。在此，我将详细论述伊藤洋华堂在进入中国市场时，如何转移其经营思想以及具体的经过。

伊藤洋华堂在推进转移管理技术的过程中，经历了一些波折，为了让读者更好地理解接下来的内容，我在此先概述一下其流程。

1994 年，伊藤洋华堂开始打探和探讨进军中国北京。合资伙伴是国营企业中国糖业酒类集团公司和日本伊藤忠商事。

合资企业的名称为华糖洋华堂，进行了各种交涉。在此过程中，四川省成都市提出了让伊藤洋华堂进驻成都市的建议。

基本上，伊藤洋华堂预计以在北京开店为起点，在中国开展连锁店经营，但由于成都市的进驻条件较好，再加上以北京的案例作为经验，所以在成都开店的进展更快。进驻成都市的企业名称为成都伊藤洋华堂。经过这样的过程，伊藤洋华堂开始进入了中国市场。

1 业务开发

❖ 起步和进军的意图

在伊藤忠商事的提议下，伊藤洋华堂于1994年7月开始进入中国市场。铃木社长的进军方针是"由伊藤忠商事带头，积极探讨进军事项"，将伊藤忠商事作为合作伙伴，开始了跨海的合资业务。这对于伊藤洋华堂来说，是一次全新的尝试，所以由我和经营政策室来负责此业务。

首先，我与三菱综研、野村综研、三井银行国际部以及熟悉中国的系贺律师等人召开了听证会，听取了他们的建议。

然后，铃木社长、森田兵三副社长、佐藤信武副社长和我四个人抱着百闻不如一见的心态来到了中国，并和先于我们一步在上海结束视察的伊藤雅俊顾问会合，共同前往北京。以岩本副社长为团长的伊藤忠商事一行人，还有由中国国内贸易部张浩若部长委托的伊藤忠商事的藤野常务也一同前往。经过多次协商和视察，双方约定在年内给出明确的答复。

此时，当务之急是对1号店进行调查，并就变更店铺设计进行协商。12月，在商定了店铺结构的基本条件和聘请日本设计公司之后，佐藤副社长和我带着"前进"的答复来到了北京。之所以能推进到这一步，是因为有伊藤忠商事的室伏社长和藤野常务的支持和强烈的推进要求。

伊藤洋华堂就变更设计方面与中方达成一致，并在以下四个方面取得了经营政策委员会的一致赞同，包括"从长远的眼光来看，进军中国市场可以培养员工的国际化视野"，"来自邻国的邀请有可能会授予伊藤洋华堂在中国的连锁店全国扩张权及进出口权，而且通过伊藤洋华堂所拥有的流通现代化经营管理技术将对中国做出贡献"，"如果将中国作为全球生产基地加以运用，就能支援日本国内的经营"，"在探讨中央议案时，收到了来自四川省成都市的议案，之后可以进行各种各样的实验"。

❖ 1996年1月的国务院方针

当时，我在伊藤洋华堂负责跨海合资业务的谈判，中方和伊藤忠商事都急于签约，但中方在急于引进外资和国外技术的同时，也需要保护国内资本。这是理所当然的。对于流通领域，每个国家都应该持有谨慎的态度。直到后来我才知道，中国政府同时也在制定"发展外资零售连锁店的政策"。当时，国务院制定了以下七项政策。

① 国内贸易部和对外贸易经济合作部各挑选一个试行的合作伙伴。

② 地区为北京和上海，零售业态为 GMS 和仓储式店铺。

③ 与欧美、日本的跨国大型连锁店企业合营。

④ 保持外汇平衡，外资使用的外汇不影响中国的外汇平衡，进口商品占销售额的比例小于 30%。

⑤ 中方投资比例要大于 51%，合资期限为 30 年以内，在城市发展连锁店。

⑥ 中方必须直接投资和直接经营。

⑦ 国务院掌握连锁店的扩张许可权。

❖ 对伊藤洋华堂的期待

与先行的流通行业的其他公司不同，这次的议案获得了国务院的许可，由于中方对伊藤洋华堂寄予厚望，所以在议案中附带了以下这些有利条件。不仅持有通商权（进出口权），三来一补（加工进口原料、加工进口样品、加工进口图纸）也成为可能，还可以进行贸易补偿（生产分配方式业务＝出口合资公司生产的商品）和建设配送中心。

譬如，中方还提出了希望建立连锁店的总部和培训中心、引进现代化经营管理知识和计算机软件技术、发展食品超市和便利店，以及利用旧的商业设施等各种各样的要求。

另一方面，成都市的对外贸易经济合作部也表示了明确的意愿，"希望引进现代化经营管理技术，希望给予我们学习的机会。但是，在支援伊藤洋华堂的同时，也希望理解我们必须保护民族资本的决心"。但也有人提出建议说，"成都是纷争之地，加油吧"。

❖ 各种合同谈判

中国最早的连锁店经营权虽然很有魅力，但就像与魅力的大小成正比一样，条款的谈判也非常复杂和烦琐。拟商定好的合同文件中包括合资合同、许可合同、公司章程、计算机软件开发委托合同，甚至包括房屋租赁合同。另外，因合资合同需要经过意向书、协议书、临时合同、项目建议书等几个阶段，所以每次谈判都很艰难。

① **可行性研究（Feasibility Study，以下简称"FS"）备忘录**

在中方提出的 FS 中，为了让对方觉得这是一份非常好的合同，将销售额预估得比伊藤洋华堂的预计销售额高出5成左右。而且这是一份过于天真和乐观的计划，其中提到中国的零售业没有库存风险（由厂商承担库存风险是在中国的惯例）、不会发生商品的无端减少（偷窃、收银台过失、进货过失等导致库存数量的混乱），同时低估了日本人的劳务费等。另一方面，该计划也低估了建筑工程费和设备费，宣称不需要日本生产的设备等，低估了投资额，还把投资回收期预估得很短。另外，中方对以实物出资的土地使用权要求很高。

由于意见分歧如此明显，为了降低经营风险，伊藤洋华堂与中方交换了不受FS约束的备忘录。

② 许可合同

许可合同是关于专利权使用费的费率、排他性权利的范围、商标的使用权和所有权、合同期限，以及计算机软件相关的合同。由于中方掌握了之前因日本企业提供了与实际情况不符的经验技术而导致中国企业失败的案例，所以中方的高级官员多次出差进行每次两天一夜的交涉，重写了将近100次的合同。根据顾问律师系贺先生的说法，中国人认为许可合同是"中方掏腰包的合同"，理所当然要对许可合同进行各种各样的斡旋。

就连被认为是合理的已经达成一致意见的费率，其中也有一部分被当作经营委托费来处理，而不是专利权使用费。

一直持续交涉到最后的是计算机软件的内容和回报。软件的评价委员会负责审核内容，对外贸易经济合作部的高层官员负责软件内容和价格的协商交涉。

这些许可合同都是由之前负责7-ELEVEn许可合同的律师促成的。

另一方面，合资公司和伊藤洋华堂、NEC与野村综合研究所四家公司签订了计算机软件开发委托合同，虽然历经千辛万苦，但在四家公司以及伊藤洋华堂的川口雅平先生、系贺律师的协助下终于达成了协议。而且本合同完全得到了中国政府的认可，没有一个字被修改，这令系贺律师惊叹不已。

③ 房屋租赁合同（成都1号店）

在中国的房屋租赁中，大致是先有房屋，然后租户（入店者）再与房屋相配合。承租方在设计之前，无法对房屋结构提出随心所欲的要求，往往是以出租方为主导来设计房屋。由于出租方急于回收，所以基本上都是短期合同，并且以小摊位租赁为主，租金也很高。像日本那样2万—3万平方米、20年租期的一揽子合同对他们来说是难以想象的。另外，还有一些合同是他们从未签订过的，比如承担改装费用等。在成都伊藤洋华堂1号店的合同中，由于按照日本的模型和结构双方签订了房屋租赁合同，所以甚至被他们说成是"屈辱的合同"。但是，这份合同后来成为房屋租赁合同的范本，为伊藤洋华堂的连锁经营作出了贡献。

④ **土地使用权**

关于有无价格相关的证据、与最新法规的整合性、是否提供担保的土地使用权、调整使用权期限和合资合同期限、承担从取得到实物出资的经过的利息，以及电费和退租费用的补贴等极其困难的议案，如果伊藤洋华堂无法解决以上这些问题，就需要寻找与当初不同的店铺用地。因此，出售当初以实物出资的土地使用权，延误了连锁店的发展。

⑤ **谈判态度**

在谈判的过程中，我曾在很多场合听到过前辈们的案例，但我始终坚持着伊藤洋华堂的经营哲学和理念等原理和原则。因为轻易的妥协日后将很可能会妨碍现场的发展。在听取意见领袖的发言时，伊藤洋华堂抱着问鼎轻重的姿态问"何时、什么业务、什么样的企业、在哪个地区"等，向伊藤忠商事提出了自己的疑问和主张，如果将来问的话，可能会让伊藤忠商事难以接受。

铃木敏文社长有以下三点指示：

第一，在合资合同中，总经理（社长）拥有绝对的权力。如果不是绝对权力的话，可以直接拒绝签约。于是，最大限度地扩大总经理的权限，将董事长、董事会（相当于日本的股东大会，由代表出资者的人士以及董事长、总经理等组成的会议）决议事项以外的所有事情都纳入到总经理的权限范围内。对作为谈判负责人的总经理来说，这是对他今后经营活动的最大支持。

第二，关于许可合同，专利权使用费既不能过高也不能过低，要适度才行。

第三，关于便利店的发展，"无论做还是不做，都不要明示"。从实际情况来看，7-ELEVEn 是可以决定的，但从法律上来说，这是由美国得州达拉斯的南方公司决定的事项，并不是伊藤洋华堂可以谈判的事情，可以说这是一个适当的指示。结果，中国国务院把便利店从经营范围中剔除了。

关于伊藤洋华堂与伊藤忠商事的关系，在了解贸易公司特点的同时，就包括投资比例在内的关联公司的定义、避免竞争的义务等问题达成一致，并做出综合的决定。

⑥ 四川省成都市

1996年3月伊藤洋华堂通过某种关系接到了一个来自四川成都的项目，伊藤雅俊先生、佐藤信武先生和我三人接受了邀请。不久,以我为代表的五个人于 4 月 8 日前往成都,目的是市场调查和对房屋构造设计进行价值判断。伊藤洋华堂的调研小组发出了 GO 的信号。铃木社长在经营政策委员会上表示,"成都项目将成为北京的实验",并督促加快了谈判的进程。

在此过程中我们最大的顾虑是,成都的项目是否与连锁店的发展相一致,是否得到中国有关部门的批准。如果因为成都的项目而让北京的项目停滞,那就本末倒置了。另外,还需要得到华糖洋华堂项目合作伙伴的理解。

关于这件事,1996 年 5 月,我拜访了中国国内贸易部国际合作部门并进行了交涉,结果得到了他们的理解,但被附加了以下两个条件,"项目的合作伙伴必须同行"和"与北京的项目相比,成都的开店速度不能太快",同时也证实了"这与连锁店的发展并不矛盾"。

此外,合作伙伴还要求担任副总经理一职,但最终变成根据合作伙伴的能力来判断其是否任职。

另外,也不得不劝说国内的合作伙伴。因为对于伊藤忠商事来说,北京的项目才是最重要的,对成都的项目并不是很感兴趣。伊藤忠商事的观点是"成都离北京太远了","如果成都项目对北京的项目产生负面影响那就麻烦了","首先,应该在北京获得开三家店铺的权利后再考虑成都项目"。

在伊藤洋华堂内部，当时刚上任不久的中国业务负责人也表示反对。他们刚上任不久，一方面有华糖洋华堂的项目，另一方面也没有看到成都的实际情况，反对也是理所当然的。从现在的情况来看，成都伊藤洋华堂的业绩可以让人放心了，但在当时的确没想到业绩会像今天这样好，这样成功。

关于房租谈判陷入了困境的成都1号店，我将在后面进行详细论述。

由于房地产中介公司和伊藤洋华堂的衡量标准大相径庭，降低房租的谈判花了整整两年的时间。

另外，出资比例的调整也成问题，而且关于开店时间的协商也停滞了。虽然店主希望尽早开店，但开店前需要进行市场调查等前期调研，因此铃木社长不得不下达至少推迟半年的开店指示，并得到了合作伙伴的谅解。

❖ 与中国合伙人和高级官员的交流活动

1995年4月，中国糖业酒类集团公司和中国政府的高级官员到访日本并签署了协议书。当时，我给他们介绍了伊藤洋华堂的公司概要、店铺打造的流程、商品的构成和店铺的运营管理等。当时来访的中国政府高级官员是国内贸易部何济海副部长。而且，为了促成该项目，伊藤洋华堂受中方合作伙伴的委托于 1996 年 2 月在北京举办了以国家计划委员会、对外贸易经济合作部、国内贸易部等部门的年轻的高级官员为对象的研讨会。从伊藤洋华堂的经营经验、连锁店经营的成功条件、与单店经营的差异等方面，寻求中方对连锁店经营的理解。当时，作为研讨会出席方的国家计划委员会表示期望通过与伊藤洋华堂的合作对中国轻工业品出口、引进现代化经营技术、促进就业方面作出贡献。

1996 年 4 月，在厦门举行了"统一市场和流通现代化国际研讨会"。（INTERNATIONAL SYMPOSIUM ON INTEGRATED MARKET AND CIRCULATION MODERNIZATION，April 22-24，1996，XIAMEN，CHINA）。伊藤洋华堂就"伊藤洋华堂集团的单品管理经营与信息化战略"进行了演讲。中方的苏晓飘先生参加了此次研讨会。此次活动由国家计划委员会主办，为期四天。另外，日方的学习院大学的田岛义博教授和我一起参加了研讨会，并发表了演讲。

在演讲的第二天，即 23 日，我和伊藤忠商事的安斋先生，在得到高铁生司长的许可之后，为了确认华糖洋华堂项目的进展情况，拜访了中国国内贸易部杨树德副部长和王明弘部长，并终于得到了期待已久的承诺。

❖ 签订合同

在签字之前,有很多中国高级官员来到日本。合资伙伴的目的是向中国高级官员详细地展示和宣传伊藤洋华堂,高级官员的目的是确认是否应该给予伊藤洋华堂在中国国内的开店权。在数次的协商和谈判中,光是1995年和1996年这两年期间我到中国出差的次数就高达29次。

伊藤洋华堂在与中国相关机构及国有企业合作伙伴签订合同,和获得许可证中花费了大量时间。特别是在华糖洋华堂的土地使用权问题、成都伊藤洋华堂的项目以及包括计算机软件在内的许可合同都非常复杂和烦琐。

以下是关于华糖洋华堂的主要文件。

1995年4月17日　合资协议书、备忘录签字

1995年12月25日　提交项目建议书

1996年9月3日　草签

1997年5月25日　在本合同上轮流签字

1997年8月5日　华糖洋华堂项目的再协商、全国开店权的确认

1997年9月3日　咨询合同、各种备忘录、租赁准备合同等的最终确认

1997年10月7日　各种签字和公司成立仪式

另外，1996年6月期间，伊藤洋华堂内部设立了中国业务科室。

2 业务的开展

❖ 成都1号店

作为地方项目的成都店是以成都市为中心的项目，虽然之后也遇到了一些问题，但所有项目都进展得比较快。由于当时成都项目受到了影响，伊藤洋华堂立即做出快速的反应。1996年4月我赶赴成都，5月到成都出差两次，7月、10月和11月反复到成都出差。另外，12月还去成都出差两次。中国糖业酒类集团公司总经理有时也会同行。与此同时，9月，我带着成都项目的台湾合作伙伴访问了伊藤洋华堂，进行了关于意向书、合作协议书、许可协议书、房屋租赁协议书、FS等的谈判。另外，成都市何绍华副市长、对外贸易经济合作部吴培贤部长、W主任等负责人于10月亲临伊藤洋华堂，并承诺给予支持。到了11月伊藤洋华堂拜访了王荣贤市长，12月2日双方签字，25日成都市政府发放营业执照。项目进展如此之快。据说成都市的相关人士，为办理手续，骑着摩托车四处奔走。伊藤洋华堂的负责人也带着敬意和谢意飞到成都，于 12 月 27 日完成了成都伊藤洋华堂的设立及银行账户的开户手续。

不可否认，由于周围有合适的人脉等幸运的因素促成了成都项目的顺利推进，但最重要的是伊藤洋华堂长期以来积累的业绩，这才是让成都项目负责人充满干劲的最大因素。

❖ 华糖洋华堂的设立

另一方面，项目虽然于 1996 年 9 月 3 日初步签署，但因遇到难题而暂时搁浅。其问题在于许可合同，尤其是计算机软件的定义和回报。

虽然双方最终达成了协议，但对于原本应该是第一家店的北京动物园附近的西直门店带着问题，迟迟没有取得任何进展，而作为 2 号店候补的京港公司所持有的店铺作为 1 号店崭露头角，交涉仍在继续着。1997 年 7 月，中国国内贸易部和对外贸易经济合作部的有关人士来到日本寻求项目的进展。

就这样，原本 2 号店的店铺作为 1 号店，以 1997 年 11 月 14 日临时开店为目标尽了最大的努力，但最终还是被 11 月 21 日开业的成都伊藤洋华堂捷足先登了。

1996 年 9 月 3 日，伊藤洋华堂对于临时签约，为表达谢意拜访了许多相关人士。国家发展计划委员会的陈锦华主任就"中国实现平衡发展、解决环境问题、发展经济、管理现代化"发表了自己的见解。此外，他还高度评价了伊藤洋华堂和7-ELEVEn的经营模式，对中国的流通现代化和零售业的经营模式表现出了浓厚的兴趣，并与铃木社长一拍即合。

合资公司终于克服了重重困难，于1997年10月7日成立了。第二次与铃木社长会面的李岚清副总理（时任）似乎对中国市场存在的大量假货感到担忧，他满怀期待地说："希望伊藤洋华堂不要销售假货。""希望伊藤洋华堂能为提高尚不富裕的国民生活做出贡献。"这一贴近国民的政治实践，鼓舞了伊藤洋华堂。华糖洋华堂于成立前一年的1997年4月20日—25日，在成都举办了"成都国际连锁店研讨会"，我和林信太郎先生受邀进行了演讲。可以说，这个研讨会证明了成都连锁店的发展势头有所增强。

❖ 开店后的状况

① 成都1号店（春熙路店）

铃木社长和伊藤忠的室伏社长出席开幕式的成都1号店（春熙路店）于1997年11月21日开业。虽然天气很好，但销售额只达到预期的33%，实在惨不忍睹。

如果一切顺利，华糖洋华堂1号店应该在一周前就在北京开张了。但是，谁也不知道在中国究竟会发生什么意想不到的事情。由于施工进度缓慢，再加上还要接受各种检查，北京店没能开业。总经理尽管已经拼尽全力了，但还是不得不做出艰难的决定。将已经安排好提供给北京1号店的商品全部转运到成都店进行销售，以此来支持成都伊藤洋华堂的开业。然而，特别是作为主力商品的服装并没有得到成都顾客的支持。北京的女性身高普遍比较高，而且北京是以政治为中心的城市，因此适合上班穿的黑色系服装成为主流。而这样的商品也同样陈列在成都的店铺里。但是，成都的女性一般都比较娇小，而且喜欢合身的原色系服装。成都与香港等地同属南方文化圈，纬度与台湾相同，所以导致了计划和现实的落差，使得成都店在最基本的部分也造成了混乱。

文化圈的差异也体现在味觉上，对食品也产生了影响。成都是麻婆豆腐、火锅等著名川菜的发源地，和北京的辣度不一样，所以没能立刻得到顾客的支持。

虽然并非出于本意，但我们还是努力谈判以求降低店铺租金，然而这个谈判对我们来说是一个巨大的负担。因为出租方一定会反对降低租金。其实我们早在开店的第二天就向出租方提起这件事,却遭到了反对。从谈判负责人和业务推动者的立场上来看,如果不降低店铺租金就无法支持店铺营业,甚至还受到出租方要向媒体呼吁的威胁,在这样的情况下,我们花费了2年多的时间才最终达成了协议。

尽管如此,店铺租金的下调需要时间。在此期间,由于业绩不佳,成都店很快就出现了周转资金不灵的情况,出资人决定融资4000万元人民币来缓解这一情况。然而,这笔钱对中方来说负担过重,于是中方改变了策略,向伊藤洋华堂寻求融资。中方虽从伊藤洋华堂借来资金对成都伊藤洋华堂进行融资,但此次融资共花费了大约1年的时间。在中国,企业之间的融资是被禁止的,所以各个企业间需要通过各种各样的办法来解决这一问题,例如通过与房租相抵消,或者将利息作为价格调节费进行处理等办法。由于中国的利息高昂,即使实现了融资,一时解决了资金上的问题,但同时也会对公司利润构成极大的压力。

由于成都项目是地方项目,所以最初的总投资额为2980万美元,资本金为1730万美元。虽然当时立即着手办理了增资手续,但也遇到了一些棘手的问题。实施增资的程序需要经过三个阶段,包括出资人融资、银行贷款、增资。一开始我们实现了融资。然而,由于当时的成都伊藤洋华堂是一家经营赤字的公司，所以从银行贷款非常困难。因此，我们别无选择，只能增资而不借贷。最终增资1250万美元，新资本金增至2980万美元。在这个过程中，我们也得到了成都市何绍华副市长和W主任的很多建议和支持。

② 北京1号店

1998年4月23日，北京1号店终于开张了。当天，时任中国国家发展计划委员会陈锦华主任、何济海副部长、王明弘部长等人莅临现场。虽然该店充分借鉴了成都的开店经验，但业绩仍不尽如人意。食品的销售额还行，但服装卖得不如预期。

因此，我请求森田副社长对中国店铺进行实地调查。成都伊藤洋华堂的首次检视时间为3月和4月，北京华糖洋华堂则为6月。当时伊藤洋华堂做出的三个主要决定是：

a. 虽说以连锁经营为目标，且现在只有一家店铺，但在远离店铺的地方，有一个配备了大量员工的仓库。而且总经理没关注仓库，仓库内部没有进行整理。因此，决定不要仓库，直接交货到店铺。

b. 由于我们在可乐和电器产品上花费了很多银行账户的管理费用，所以尽可能不通过伊藤忠商事的物流公司（合资公司），而是直接与中方进行交易。

c. 总部和店铺遥遥相隔。总部要想接近顾客，首先要接近店铺。因此，对店铺进行了改造，除了人事部等一部分部门，将总部转移到了仓库的一角。

可以说，伊藤忠商事在物流方面给予了伊藤洋华堂全方位的支持，使我们能够按照合资合同开展连锁经营，但华糖洋华堂高管们的努力也不容小觑。在严峻的经营环境面前，借助多方的力量进行合作是不得已的措施。

此后，森田副社长和我利用周末先后到成都和北京出差了10次，实施了所谓的业务改革。随着时间的流逝，店铺的业绩不断上升，且有了明显的改善。

③ 总部服装业务部长的投入

新年之后的1999年2月，伊藤洋华堂引进了服装领域的专家日之泽章董事。日之泽先生作为营业本部长，全权负责店铺的营业活动。那时，铃木社长写信给董事长和总经理，信中谈到"不是学习中国的经营方式，而是旨在最终将伊藤洋华堂的经营管理技术移植到中国，而配合中国进行经营管理技术的调整就不能称为技术的转移"的宗旨。

日之泽先生的行动十分迅速，而且是符合经营管理技术的正统手法。他详细地掌握了顾客、商品、人心、竞争对手、合作伙伴，并具体执行了以下内容：

a. 活用女性采购人员，这是最奏效的方法。每次开拓合作伙伴时，都会有女性陪同，并让她们选择自己想穿的服装。另外，也让销售负责人同行，目的是唤起销售负责人把进货的商品全部卖完的责任感，进而增强销售负责人和采购人员的团队合作。

b. 店中店（出租方）的筛选。改变固定店铺居多的趋势，明确销售额、毛利、效率等评价标准。对合同期限进行1年、半年、1个季度、1个月等细分化，以保持店铺的紧张感。让出租方之间无形中产生竞争。

c. 华糖洋华堂与成都伊藤洋华堂的合作。华糖洋华堂和成都伊藤洋华堂之间通过人事方面的交流，共享了关于优质的合作伙伴、商品、店中店、销售方法等信息。

森田副社长和日之泽董事对商品方面的改造，让现场更具活力，并提升了业绩。

④ 以身作则的干部们

被派遣到当地，是需要公司的推荐和员工本人自愿。

成都伊藤洋华堂的M总经理、S副总经理、S部长等人近三年几乎没有休过假。每天都过着7点多上班，店铺打烊后的晚上11点才下班的日子。看到这一情况的中国干部也自发地在休息日上班，甚至到了大半夜还在对卖场、商品构成、选品进行调整和更正。

北京的华糖洋华堂也是如此。不用说是H总经理带头执行，就连负责服装的佐野正部长和1号店的渡边店长等人都在大显身手。佐野部长还自费租了一辆汽车，扩大自己的活动范围；渡边店长把儿子送进了中国的学校，把在中国的生活当作自己生命中重要的一部分。这些行为刺激到了中国干部。其中，W国际合作部部长秘书李网先生的积极性尤为突出，值得一提。

❖ 持续至2002年的课题

在营业方面，浮现出各种各样的问题，并采取了相应的措施。另一方面，现在还有很多课题有待解决。如上所述，成都伊藤洋华堂的话，包括：① 1999年3月的增资问题，② 5月的2号店问题，③ 中国合作伙伴的贷款问题，④ 整理整顿的应对等问题；华糖洋华堂的话，包括：① 1号店京港公司的租金下调交涉和融资问题，② 计算机软件开发委托合同，③ 同税交涉，④ 华糖和成都两家公司关于2号店的协商等问题。这些问题直到2000年也没有得到妥善解决。

华糖洋华堂2号店（亚运村）的开店，必须等到2001年12月了。其中最为棘手的问题是成都伊藤洋华堂的整理整顿，

表 6-1 业绩的变化

（销售额：税前 单位：百万日元）

年份	销售额 华糖洋华堂	销售额 成都伊藤洋华堂	销售额 合计	税前利润 华糖洋华堂	税前利润 成都伊藤洋华堂	税前利润 合计
1997		18	18		−8	−8
1998	171	214	385	−59	−78	−137
1999	382	371	753	−62	−31	−93
2000	482	513	995	−24	5	−19
2001	536	566	1,102	−31	9	−22
2002	907	531	1,438	−108	3	−105
2003	1,037	579	1,616	23	1	24
2004	1,287	973	2,260	55	34	89
2005	1,517	1,150	2,667	−21	65	44
2006	1,814	1,346	3,160	18	93	111

（由作者参考《投资者指南》等制作）

即必须将伊藤洋华堂 74% 的出资比例下调至 51%。在对外贸易经济合作部 K 司长和 K 董事长的协助下,终于完成了伊藤洋华堂出资比例的下调。

❖ 2006年的发展状况

在北京的超市领域,已进驻了王府井洋华堂、便利店的 7-ELEVEn。从店铺数量来看,截至 2006 年,华糖洋华堂共 6 家,成都有 2 家伊藤洋华堂,北京有 50 家 7-ELEVEn 便利店,以及 1 家王府井洋华堂。[①]

[①] 截至 2021 年 1 月 31 日,华糖洋华堂在北京有 1 家店铺;成都伊藤洋华堂有 11 家店铺。截至 2022 年 10 月,北京共有 261 家 7-ELEVEn 便利店。——编者注

3 国内外的评价

家乐福和沃尔玛也几乎同时进入中国市场,但目前在店铺数量上伊藤洋华堂遥遥领先于它们。而且,伊藤洋华堂始终得到中国政府高级官员的高度评价。下面介绍几个评价要点。

① **从"我要卖给你"到"请购买我们的商品"**

在中国,卖方市场似乎持续了很长时间,是以苏联时期的配给制度为原型的以卖方为主体的市场。

例如,为了防止偷窃,法国的合资公司将顾客的包等随身携带的物品中大于一定尺寸的物品放在店铺入口处保管。另外,将烟酒等高价商品,设置在卖场内出入口处附近的特定狭窄空间里。鞋子只陈列一只,商品用绳子系着。店员不是售货员,担任的职责是监视顾客。也就是说,店员不信任顾客,店员的态度是一种高高在上的姿态。

与此相对,伊藤洋华堂认为只要相信别人,就能得到别人的信赖,所以首先要信赖顾客。为顾客提供最好的服务和热情待客是销售人员应有的姿态和思维方式,所以要用心提供友好的服务。如果不这样做，顾客就不会来，这就是伊藤洋华堂的经营哲学。不是"我要卖给你"，而是将"请购买我们的商品"的这种姿态付诸实践。不需要在入口处寄存顾客的物品，也不需要只摆放一只鞋子等，而是通过自助服务为顾客打造一个开放式的卖场。作为外资企业，当时的这些举动应该给顾客带来了深刻的影响。

② 促进就业

伊藤洋华堂的每个店铺都会雇用将近 1000 名中国人。这些内容下文也会提到，任用与日本同等级别以上的员工这一举措被高度评价为具有划时代意义的事情。

③ 引进现代经营管理技术和计算机软件

伊藤洋华堂进入中国市场时，中国最迫切的需求是引进现代经营管理技术和计算机软件。身在东京，但也能够掌握中国营业活动实况，以企业管理为目标，在中国也引进了与日本相同的计算机软件，进一步完善了 IT 系统。话虽如此，起初导入的时候并不顺利。

④ 采购、销售方法、接客和服务，⑤ 和合作伙伴的关系，⑥ 人事政策和劳务管理的方式等也得到了很高的评价。

4 经营的特征

在此，我们来看一下伊藤洋华堂在中国事业取得成功的主要原因。这一节可以说是对第三节高度评价的补充和佐证。

❖ 用人方面

① 员工是经过严格筛选的。零售业是最典型的劳动密集型行业。如果100个人中有1个人不适合从事服务业，那么这100个人都会被认为是不合适的销售员。因此，在招聘阶段，根据不同岗位所要求的不同素质，我们进行了严格的筛选。

② 在提拔方面，根据能力、实力，实施人岗匹配，积极录用女性，让其担任销售部门的主管，甚至采购部门的主管。在中国，中方往往掌握合资企业的采购、财务、人事权。在这种情况下，赋予女性采购员采购权限是划时代的。偶尔也会有一些干部因为薪资方面而被外资同行挖走，但很多人因为在伊藤洋华堂的工作中能学到管理技术，而又回到伊藤洋华堂。

③ 由大家制定绩效考核标准,有基于严格的绩效考核的薪酬体系。每月进行考核累积的奖金,比工资金额的权重还高,而职位较低的人得到的奖金甚至超过了管理者。

④ 关于员工教育,彻底实施实践性教育。

⑤ 对于再三提醒并寄予期待的员工,如果还是不认真工作,那就只好解雇。

❖ MD

① 采购商品

·每个采购员都要制定年度 MD 计划,并结合具体的行动规划,每周进行调整。

·始终关注流行趋势及顾客的需求、期望、不满等,并彻底地收集信息。结果发现,成都顾客对卫生间、厨房、卧室、家电的关注程度较高。现在顾客对汽车的关注度越来越高,对健康、教育、爱好、通信费的支出也在逐渐增加。这些信息都不断地体现在卖场中。

·为了不陷入价格竞争,我们全面贯彻采购差别化商品。

② 合作伙伴政策

·在与合作伙伴的关系上,在不损害创新性的前提下,谋求共存共荣。

·通过现金的快速支付和收货，作为代价，要求合作伙伴维持商品交货期、数量和质量的水平，获得合理的利润。

·向合作伙伴公开基于毛利贡献率、坪效、库存周转率等的公正的评价，在不断切磋磨合的同时，继续开拓新的合作伙伴。

③ 销售

·在销售现场，彻底实践待客和服务，并致力于帮助顾客选购。

·彻底贯彻品质管理和鲜度管理。

·彻底进行商品的搭配陈列、试吃、试饮、试穿。譬如，在卖场中摆放19张床，每天更换搭配的被褥和枕头。

·重视活动和节日。

·掌握每个部门和每个商品的效率，频繁地扩大或缩小陈列空间。

·要落实上述各项，最重要的是实行单品管理。

·不固定店中店（出租方），设定3个月、6个月、1年等各种合同期限，频繁更换入住的店铺。

④ 商品

·服装讲究时尚性、原材料、颜色、尺寸、缝制。

·日用品和家居相关商品讲究功能、容量、售后服务。

·食品必须具有良好的味道和鲜度,并且让人安心,安全可靠。

·关于 NB 商品,要有价格竞争力。

整体而言,兼具品质、价格和服务的良好平衡,是有竞争力的商品。不言而喻,MD 中最重要的是商品。

❖ **组织**

① 重视伊藤洋华堂的经营哲学和理念,企业组织架构图也和日本一样,是把顾客放在最上层,董事长、总经理放在最下面的倒金字塔型。不仅仅停留在观念上,而是希望在现实中为顾客服务的重要性。

② 组织中的阶层是扁平化结构。

③ 针对经营方针的探讨,每周一召开办公室会议,确认上周需要反思的事项和本周的销售、采购、促销计划等。管理部门的部长也参加该会议,进行企业的方向性的统一,并将其与组织力联合起来。

④ 充分利用利润管理、各部门管理、单品管理、经费管理等方面的计算机数据,为现代化经营作出贡献。经费按要素

表 6-2 在中国的经营特征（从现场经营来看）

日本的经营方针 = 彻底贯彻业务改革方针

1. 人的层面	（1）录取/雇佣	严选再严选
	（2）提拔	能力、实力主义 致力于发挥女性的战斗力　对于一线、员工同样如此
	（3）工资	能力、实力主义 跟业绩挂钩——每月奖金的确定
	（4）教育	彻底实施 OJT
	（5）解雇	反复提醒，还未改变的话经过沟通后解雇
2. MD（Merchandising）	（1）采购商品	①全年 MD 计划的立案——每周审视 ②各采购人员行为计划的立案 ③迅速应对时代的变化和需求 ④彻底实施差异化——应对快速的模仿 ⑤商品的早期投入、早期结束
	（2）合作方政策	①毛利额贡献管理 ②不同合作方的坪效管理 ③库存周转率的评估 ④评估后进行协商，更换（替换）
	（3）销售	①彻底贯彻的搭配销售 ②重视庆典、活动——制作并培育新 menu ③重视待客——呼吁彻底执行 ④试吃、试看、试听、试运行等 ⑤坪效管理——将卖场面积频繁地进行扩大或缩小
	（4）店中店（租户）	①合同期限的多样化：3 个月、6 个月、年度签约 ②做好入驻和撤店工作
	（5）商品	①味道、鲜度、安全、安心 ②品质、价格、服务的平衡
3. 组织	（1）层级	①扁平化
	（2）方针的统合	①每周（周一）在办公室进行 上周的反省、确认本周的计划、方针的统合
	（3）数据的运用	①部门管理的彻底 ②单品管理的彻底 ③利益管理的彻底——营业本部长每周预测利益 ④经费管理的彻底——按要素、用途分别管理
	（4）公关	①重视行政及政府间的关系 ②注重媒体的对应
4. 开店	（1）损益分支点重视投资回报	①以少的投资创造出利润的商铺 ②低租金的商铺 ③开发投资少的商铺
	（2）现有店的运用	
	（3）确保市场份额	①重视粉丝、回头客 ②重视小商圈内来的顾客

2003.10.1 由作者制作

和用途进行分别管理，利润按商品进行把握。此外还导入POS，实现单品管理。

⑤ 关于保安及安全保障，深知与政府、相关机关、当地社区、媒体等关系的重要性，被视为安全和纳税的模范公司。

❖ 开店与财务

① 我们遵循"如果不能预期企业盈利就放弃开店"的，与日本相同的方针。

② 重视资产负债表、损益表、资金周转表。华糖洋华堂拥有合适的人担任总会计师，比如唐军总会计师。另外，企划室的苏先生也做出了很大的贡献。

③ 在具体的开店政策方面，我们重视高密度政策和ROI（投资回报率）。从开店计划阶段，不仅对店铺立地、规模、商品结构的平衡，还对设备质量、停车方便程度、店内布局等进行密切的关注。

④ 此外，我们对人才培养、经营管理能力和系统能力的权衡也毫不懈怠。

5 多次的失败与对策

❖ 日元升值的逆转

在我们考虑进军海外市场的 1995 年，汇率瞬间变成了 1 美元只能兑换 80 日元。因为很容易换算成日元来考虑，所以在日元升值的情况下，我们会不自觉地低估房租和投资金额。盈亏平衡点降低了，风险似乎也变小了。然而，向海外汇款时日元已贬值为 1 美元兑换 112.3 日元。与之前 1 美元只能兑换 80 日元相比，日元下跌了 40%。尽管已经失控且不可避免，但用日元来考虑投资金额对伊藤洋华堂来说是一个巨大的失策。所以，在海外业务中美元才是关键货币，而不是日元。

❖ 对中国人口的过高评价

的确，中国人口众多。1996 年 4 月，我去四川省成都市做市场调查。晚上逛店的时候，人头攒动，即使过了晚上10点，路上的人也和日本的上下班高峰期一样多，简直就像日本新店开业第一天一样地热闹。不知不觉间我忘记了中国人的购买力只有日本的四十分之一左右，而认为是人口等于购买力，但这只是瞬间的错觉，一定要注意。实际上，成都人的购买力绝对不低。成都人的汽车持有率在中国排名第2位就是很好的证明。不要被人口和统计数据所迷惑，要分清各地区的实际情况来判断购买力。

❖ 有价无市的高房租

在中国，关于房屋的租赁，人们通常习惯于在短时间内租用一个狭小空间，不像日本拥有长达20年长期的租用宽敞空间的经验。正是由于中国房地产中介的积极主动，高价出租成为理所当然的事情。况且，是市场价格尚未形成的房地产市场和房屋租赁市场，所以我们无法获取任何信息。

首先，抛出高价以试探对方的反应，然后根据对方的反应逐渐降低价格，最终"平分"市场，这是俄罗斯人的一种买卖方式。虽然反复进行这些降价操作，但房租依然很贵。

❖ 地方项目的好与坏

为了地方经济的发展,地方领导和高层夜以继日地努力工作着。积极引进优质的外资和先进的管理技术,流通也是如此。四川省成都市的招商引资也是如此。成都快速地完成了开店,但成都的项目由于没有得到许可,所以成了整理整顿的对象。虽然也没有什么特别的问题,但最终还是被调整了出资比例和店铺数量。

最初,成都伊藤洋华堂的出资比例为,伊藤洋华堂74%,中央(中国糖业酒类集团公司)12%,但需要将伊藤洋华堂的股份占比调整为51%。不久,中国加入了WTO,并即将对外资开放,在应对外资方面遭遇了困难。也就是说,通过协商股份占比调整部分的出售价格,共同探讨加入WTO后买回股份的条件。另外,由于正在推进2号店的项目,这个许可也牵涉其中。此外,与出资比例相关的董事数量也有所调整。2002年12月,成都市外资处处长亲自带着相关文件来到国家外经贸部,而为了提交这些文件花了整整4年时间做准备。

我切身体会到,只有严格遵守法律,才能避免遭受意想不到的困难。或许正因为中国对伊藤洋华堂抱有期待,并希望其作为日后引进外资的借鉴而对伊藤洋华堂有高要求,所以伊藤洋华堂的应对才会更加诚实。

❖ 资金不足

分店开始营业后，很快就出现了业绩不佳和周转资金不足的情况。成都伊藤洋华堂花了一年的时间才融资到 4000 万元，于是，投资伙伴从伊藤洋华堂那里借来了合资公司的融资资金。在日本，商社采取的是 DEBUKO 制，需要经过多达 6 个相关部门的审查和审批，非常烦琐。

华糖洋华堂为了筹集经营连锁化的资金，不得不出售宝贵的土地使用权。高价买进（实物出资），低价售出，还以高价承租，也就是所谓的买—卖—租赁变成了现实。

6 从零售业看中国

❖ 中期持续扩大的消费市场

① 第三产业的构成

中国在"第一次经济普查"(2005年)中重新核算 GDP,第三产业的构成比例从 31.9% 变更为 40.7%。欧美诸国的第三产业比重都在 60%—70% 之间。如果发表的这一数据没有错误的话,那么表明中国也正在向第三产业转移,未来将开始形成以第三产业为中心的经济结构。

② 经济政策

中国正在从固定资产投资和出口转向扩大内需,正在谋求成长转变。背景有三个理由:a. 如果继续依赖扩大外需,中美贸易的赤字将扩大,与欧洲的贸易摩擦也会愈演愈烈。b. 投资过剩导致投资效率低下,给企业盈利带来压力,也使得环境遭到严重的破坏。c. 增加约占 13 亿人口中六成的农村人口的收入。为响应扩大内需的号召,中国政府推出了扩大个人消费的政策。

③ 人口结构

1979年中国开始实行独生子女政策下的一代人占据了中国消费的中心。将成为未来的消费层的这一代人，受到大众文化兴起和媒体快速发展的影响，品牌意识不断提升，并给零售市场带来变革。老年人也在不断增加自己的健康和兴趣方面的支出。

❖ 零售企业的现状

中国于2001年12月加入了WTO。于是，企业间的并购及M&A愈演愈烈。通过业态的多样化、调整农村地区的开店、引入特许经营法等，中国正在逐步开放市场。但另一方面，中国也在对大型店开店加强管控，并有制定"大店法"的动向。大连市政府在严格控制1万平方米以上的商业设施，上海和北京也都在进行管控。

外资企业在中国加入WTO前一直在加速开店，抢占了中国对外开放的先机。中国境内主要连锁企业的店铺数分别是家乐福210家、沃尔玛400多家（截至2022年）。

❖ 零售业的课题

在中国的零售业中,大致可以列举出以下三个课题:

① 成长管理

对于一个企业的发展,其规模的扩大和随之而来的企业管理水平的提升必须并行。既要保持企业不断发展扩大的速度、盈利性和健全性,又要维持人才的数量和质量等经营资源的平衡。重要的是包括开店区域的高密度化在内,必须重视"增长的质量和效率",切记不能盲目地扩张。也就是说,必须管理好企业成长本身。

② 改善收益性

投资的盈利能力并不总是好的。有报道称,2004年度中国销售额过1亿元的零售商中有20%的企业是亏损的,经营亏损的外资企业高达60%。在中国,很多商品都出现供过于求,并陷入了价格竞争→利润下降→进一步价格竞争的恶性循环中。不仅限于零售业,价格竞争往往也会导致其他行业的企业收益的恶化。因此,要通过差异化规避价格竞争,并强化经营能力。比起扩大规模,更需要重视以盈利为导向的政策。

③ 协作

必须通过进一步改善和强化制造商、批发商、物流商,以及零售商之间的竞争和合作,建立双赢的关系。建立真正的战略性同盟,构筑面向市场的合作关系。

当前中国流通业和零售业的使命是挖掘潜在市场,向顾客提出新的生活文化及新的生活方式。将潜在需求可视化,通过食品、商品销售、服务、信息融入顾客的生活中,进而全力"创造顾客"。

后记

第 1 章至第 4 章和第 6 章是以在东京大学制造经营研究中心发表并注册的论文为中心进行了修改并记录下来的内容。这些论文是截至我任职时的 2006 年 5 月的关于伊藤洋华堂的演进，主要是由 7&I 控股公司名誉会长伊藤雅俊、会长铃木敏文、伊藤洋华堂副社长森田共同完成的。虽然有比较严肃的学术性的一面，但为了表示感谢，我还是想将其作为史实留下。

第 5 章展望了零售行业的未来，并大胆地提出了问题。这是希望伊藤洋华堂的相关人士、实业家、学会等研究人员能够解决这些问题，并对零售行业的未来提出假说，也希望各位对现阶段我个人的独断和偏见予以宽恕。

如果这能成为各位研究的开端，我将感到无比幸运。

最后，我要向伊藤雅俊名誉会长、铃木敏文会长和森田副社长表示衷心的感谢。此外，在撰写论文的过程中，东京大学制造经营研究中心的老师们也给予了我建议和启发。如果没有他们的帮助，就没有现在的这本书。另外，我还得到了横井隆先生的大力协助。

  通过研究会我得到了秋田明子女士的协助。最重要的是，本书是在藤本隆宏教授的指导下完成的。

  在此，我向各位致以最诚挚的谢意。

关于"服务的细节丛书"介绍：

东方出版社从 2012 年开始关注餐饮、零售、酒店业等服务行业的升级转型，为此从日本陆续引进了一套"服务的细节"丛书，是东方出版社"双百工程"出版战略之一，专门为中国服务业产业升级、转型提供思想武器。

所谓"双百工程"，是指东方出版社计划用 5 年时间，陆续从日本引进并出版在制造行业独领风骚、服务业有口皆碑的系列书籍各 100 种，以服务中国的经济转型升级。我们命名为"精益制造"和"服务的细节"两大系列。

我们的出版愿景："通过东方出版社'双百工程'的陆续出版，哪怕我们学到日本经验的一半，中国产业实力都会大大增强！"

到目前为止"服务的细节"系列已经出版 122 本，涵盖零售业、餐饮业、酒店业、医疗服务业、服装业等。

更多酒店业书籍请扫二维码

了解餐饮业书籍请扫二维码

了解零售业书籍请扫二维码

"服务的细节"系列

书　名	ISBN	定　价
服务的细节：卖得好的陈列	978-7-5060-4248-2	26元
服务的细节：为何顾客会在店里生气	978-7-5060-4249-9	26元
服务的细节：完全餐饮店	978-7-5060-4270-3	32元
服务的细节：完全商品陈列115例	978-7-5060-4302-1	30元
服务的细节：让顾客爱上店铺1——东急手创馆	978-7-5060-4408-0	29元
服务的细节：如何让顾客的不满产生利润	978-7-5060-4620-6	29元
服务的细节：新川服务圣经	978-7-5060-4613-8	23元
服务的细节：让顾客爱上店铺2——三宅一生	978-7-5060-4888-0	28元
服务的细节009：摸过顾客的脚，才能卖对鞋	978-7-5060-6494-1	22元
服务的细节010：繁荣店的问卷调查术	978-7-5060-6580-1	26元
服务的细节011：菜鸟餐饮店30天繁荣记	978-7-5060-6593-1	28元
服务的细节012：最勾引顾客的招牌	978-7-5060-6592-4	36元
服务的细节013：会切西红柿，就能做餐饮	978-7-5060-6812-3	28元
服务的细节014：制造型零售业——7-ELEVEn的服务升级	978-7-5060-6995-3	38元
服务的细节015：店铺防盗	978-7-5060-7148-2	28元
服务的细节016：中小企业自媒体集客术	978-7-5060-7207-6	36元
服务的细节017：敢挑选顾客的店铺才能赚钱	978-7-5060-7213-7	32元
服务的细节018：餐饮店投诉应对术	978-7-5060-7530-5	28元
服务的细节019：大数据时代的社区小店	978-7-5060-7734-7	28元
服务的细节020：线下体验店	978-7-5060-7751-4	32元
服务的细节021：医患纠纷解决术	978-7-5060-7757-6	38元
服务的细节022：迪士尼店长心法	978-7-5060-7818-4	28元
服务的细节023：女装经营圣经	978-7-5060-7996-9	36元
服务的细节024：医师接诊艺术	978-7-5060-8156-6	36元
服务的细节025：超人气餐饮店促销大全	978-7-5060-8221-1	46.8元

书 名	ISBN	定 价
服务的细节026：服务的初心	978-7-5060-8219-8	39.8元
服务的细节027：最强导购成交术	978-7-5060-8220-4	36元
服务的细节028：帝国酒店 恰到好处的服务	978-7-5060-8228-0	33元
服务的细节029：餐饮店长如何带队伍	978-7-5060-8239-6	36元
服务的细节030：漫画餐饮店经营	978-7-5060-8401-7	36元
服务的细节031：店铺服务体验师报告	978-7-5060-8393-5	38元
服务的细节032：餐饮店超低风险运营策略	978-7-5060-8372-0	42元
服务的细节033：零售现场力	978-7-5060-8502-1	38元
服务的细节034：别人家的店为什么卖得好	978-7-5060-8669-1	38元
服务的细节035：顶级销售员做单训练	978-7-5060-8889-3	38元
服务的细节036：店长手绘 POP引流术	978-7-5060-8888-6	39.8元
服务的细节037：不懂大数据，怎么做餐饮？	978-7-5060-9026-1	38元
服务的细节038：零售店长就该这么干	978-7-5060-9049-0	38元
服务的细节039：生鲜超市工作手册蔬果篇	978-7-5060-9050-6	38元
服务的细节040：生鲜超市工作手册肉禽篇	978-7-5060-9051-3	38元
服务的细节041：生鲜超市工作手册水产篇	978-7-5060-9054-4	38元
服务的细节042：生鲜超市工作手册日配篇	978-7-5060-9052-0	38元
服务的细节043：生鲜超市工作手册之副食调料篇	978-7-5060-9056-8	48元
服务的细节044：生鲜超市工作手册之POP篇	978-7-5060-9055-1	38元
服务的细节045：日本新干线7分钟清扫奇迹	978-7-5060-9149-7	39.8元
服务的细节046：像顾客一样思考	978-7-5060-9223-4	38元
服务的细节047：好服务是设计出来的	978-7-5060-9222-7	38元
服务的细节048：让头回客成为回头客	978-7-5060-9221-0	38元
服务的细节049：餐饮连锁这样做	978-7-5060-9224-1	39元
服务的细节050：养老院长的12堂管理辅导课	978-7-5060-9241-8	39.8元
服务的细节051：大数据时代的医疗革命	978-7-5060-9242-5	38元
服务的细节052：如何战胜竞争店	978-7-5060-9243-2	38元
服务的细节053：这样打造一流卖场	978-7-5060-9336-1	38元
服务的细节054：店长促销烦恼急救箱	978-7-5060-9335-4	38元

书　名	ISBN	定价
服务的细节055：餐饮店爆品打造与集客法则	978-7-5060-9512-9	58元
服务的细节056：赚钱美发店的经营学问	978-7-5060-9506-8	52元
服务的细节057：新零售全渠道战略	978-7-5060-9527-3	48元
服务的细节058：良医有道：成为好医生的100个指路牌	978-7-5060-9565-5	58元
服务的细节059：口腔诊所经营88法则	978-7-5060-9837-3	45元
服务的细节060：来自2万名店长的餐饮投诉应对术	978-7-5060-9455-9	48元
服务的细节061：超市经营数据分析、管理指南	978-7-5060-9990-5	60元
服务的细节062：超市管理者现场工作指南	978-7-5207-0002-3	60元
服务的细节063：超市投诉现场应对指南	978-7-5060-9991-2	60元
服务的细节064：超市现场陈列与展示指南	978-7-5207-0474-8	60元
服务的细节065：向日本超市店长学习合法经营之道	978-7-5207-0596-7	78元
服务的细节066：让食品网店销售额增加10倍的技巧	978-7-5207-0283-6	68元
服务的细节067：让顾客不请自来！卖场打造84法则	978-7-5207-0279-9	68元
服务的细节068：有趣就畅销！商品陈列99法则	978-7-5207-0293-5	68元
服务的细节069：成为区域旺店第一步——竞争店调查	978-7-5207-0278-2	68元
服务的细节070：餐饮店如何打造获利菜单	978-7-5207-0284-3	68元
服务的细节071：日本家具家居零售巨头NITORI的成功五原则	978-7-5207-0294-2	58元
服务的细节072：咖啡店卖的并不是咖啡	978-7-5207-0475-5	68元
服务的细节073：革新餐饮业态：胡椒厨房创始人的突破之道	978-7-5060-8898-5	58元
服务的细节074：餐饮店简单改换门面，就能增加新顾客	978-7-5207-0492-2	68元
服务的细节075：让POP会讲故事，商品就能卖得好	978-7-5060-8980-7	68元

书 名	ISBN	定价
服务的细节076：经营自有品牌	978-7-5207-0591-2	78元
服务的细节077：卖场数据化经营	978-7-5207-0593-6	58元
服务的细节078：超市店长工作术	978-7-5207-0592-9	58元
服务的细节079：习惯购买的力量	978-7-5207-0684-1	68元
服务的细节080：7-ELEVEn的订货力	978-7-5207-0683-4	58元
服务的细节081：与零售巨头亚马逊共生	978-7-5207-0682-7	58元
服务的细节082：下一代零售连锁的7个经营思路	978-7-5207-0681-0	68元
服务的细节083：唤起感动	978-7-5207-0680-3	58元
服务的细节084：7-ELEVEn物流秘籍	978-7-5207-0894-4	68元
服务的细节085：价格坚挺，精品超市的经营秘诀	978-7-5207-0895-1	58元
服务的细节086：超市转型：做顾客的饮食生活规划师	978-7-5207-0896-8	68元
服务的细节087：连锁店商品开发	978-7-5207-1062-6	68元
服务的细节088：顾客爱吃才畅销	978-7-5207-1057-2	58元
服务的细节089：便利店差异化经营——罗森	978-7-5207-1163-0	68元
服务的细节090：餐饮营销1：创造回头客的35个开关	978-7-5207-1259-0	68元
服务的细节091：餐饮营销2：让顾客口口相传的35个开关	978-7-5207-1260-6	68元
服务的细节092：餐饮营销3：让顾客感动的小餐饮店"纪念日营销"	978-7-5207-1261-3	68元
服务的细节093：餐饮营销4：打造顾客支持型餐饮店7步骤	978-7-5207-1262-0	68元
服务的细节094：餐饮营销5：让餐饮店坐满女顾客的色彩营销	978-7-5207-1263-7	68元
服务的细节095：餐饮创业实战1：来，开家小小餐饮店	978-7-5207-0127-3	68元
服务的细节096：餐饮创业实战2：小投资、低风险开店开业教科书	978-7-5207-0164-8	88元

书　　名	ISBN	定　价
服务的细节097：餐饮创业实战3：人气旺店是这样做成的！	978-7-5207-0126-6	68元
服务的细节098：餐饮创业实战4：三个菜品就能打造一家旺店	978-7-5207-0165-5	68元
服务的细节099：餐饮创业实战5：做好"外卖"更赚钱	978-7-5207-0166-2	68元
服务的细节100：餐饮创业实战6：喜气的店客常来，快乐的人福必至	978-7-5207-0167-9	68元
服务的细节101：丽思卡尔顿酒店的不传之秘：超越服务的瞬间	978-7-5207-1543-0	58元
服务的细节102：丽思卡尔顿酒店的不传之秘：纽带诞生的瞬间	978-7-5207-1545-4	58元
服务的细节103：丽思卡尔顿酒店的不传之秘：抓住人心的服务实践手册	978-7-5207-1546-1	58元
服务的细节104：廉价王：我的"唐吉诃德"人生	978-7-5207-1704-5	68元
服务的细节105：7-ELEVEn一号店：生意兴隆的秘密	978-7-5207-1705-2	58元
服务的细节106：餐饮连锁如何快速扩张	978-7-5207-1870-7	58元
服务的细节107：不倒闭的餐饮店	978-7-5207-1868-4	58元
服务的细节108：不可战胜的夫妻店	978-7-5207-1869-1	68元
服务的细节109：餐饮旺店就是这样"设计"出来的	978-7-5207-2126-4	68元
服务的细节110：优秀餐饮店长的11堂必修课	978-7-5207-2369-5	58元
服务的细节111：超市新常识1：有效的营销创新	978-7-5207-1841-7	58元
服务的细节112：超市的蓝海战略：创造良性赢利模式	978-7-5207-1842-4	58元
服务的细节113：超市未来生存之道：为顾客提供新价值	978-7-5207-1843-1	58元
服务的细节114：超市新常识2：激发顾客共鸣	978-7-5207-1844-8	58元
服务的细节115：如何规划超市未来	978-7-5207-1840-0	68元

书　名	ISBN	定　价
服务的细节116：会聊天就是生产力：丽思卡尔顿的"说话课"	978-7-5207-2690-0	58元
服务的细节117：有信赖才有价值：丽思卡尔顿的"信赖课"	978-7-5207-2691-7	58元
服务的细节118：一切只与烤肉有关	978-7-5207-2838-6	48元
服务的细节119：店铺因顾客而存在	978-7-5207-2839-3	58元
服务的细节120：餐饮开店做好4件事就够	978-7-5207-2840-9	58元

图字：01-2021-3883 号

ITOYOKADO KOKYAKU MANZOKU NO SEKKEIZU by Toshie Henmi
Copyright © 2008 Toshie Henmi
Simplified Chinese translation copyright © 2021 by Oriental Press
All rights reserved.
Original Japanese language edition published by Diamond, Inc.
Simplified Chinese translation rights arranged with Diamond, Inc.
through Hanhe International(HK) Co., Ltd.

图书在版编目（CIP）数据

自动创造价值的流程／（日）边见敏江 著；智乐零售研习社 译.—北京：东方出版社，2022.11
（服务的细节；122）
ISBN 978-7-5207-3022-8

Ⅰ.①自⋯ Ⅱ.①边⋯ ②智⋯ Ⅲ.①企业经营管理 Ⅳ.①F272.3

中国版本图书馆 CIP 数据核字（2022）第 188957 号

服务的细节 122：自动创造价值的流程
（FUWU DE XIJIE 122: ZIDONG CHUANGZAO JIAZHI DE LIUCHENG）

作　　者：	[日] 边见敏江
译　　者：	智乐零售研习社
责任编辑：	崔雁行　高琛倩
出　　版：	东方出版社
发　　行：	人民东方出版传媒有限公司
地　　址：	北京市东城区朝阳门内大街 166 号
邮　　编：	100010
印　　刷：	优奇仕印刷河北有限公司
版　　次：	2022 年 11 月第 1 版
印　　次：	2022 年 11 月第 1 次印刷
开　　本：	880 毫米×1230 毫米　1/32
印　　张：	8.625
字　　数：	157 千字
书　　号：	ISBN 978-7-5207-3022-8
定　　价：	59.80 元

发行电话：(010) 85924663　85924644　85924641

版权所有，违者必究
如有印装质量问题，我社负责调换，请拨打电话：(010) 85924602　85924603